我国流动人口的“安居乐业”及市民化路径研究

宋艳姣 著

中国财经出版传媒集团
中国财政经济出版社

图书在版编目（CIP）数据

我国流动人口的“安居乐业”及市民化路径研究／宋艳姣著．--北京：中国财政经济出版社，2021.7

ISBN 978-7-5223-0564-6

Ⅰ.①我…　Ⅱ.①宋…　Ⅲ.①流动人口－城市化－研究－中国　Ⅳ.①C924.24

中国版本图书馆CIP数据核字（2021）第108461号

责任编辑：段　钢　　　　责任校对：徐艳丽

封面设计：卜建辰　　　　责任印制：史大鹏

中国财政经济出版社 出版

URL：http：//www.cfeph.cn

E-mail：cfeph@cfeph.cn

社址：北京市海淀区阜成路甲28号　邮政编码：100142

营销中心电话：010-88191522

天猫网店：中国财政经济出版社旗舰店

网址：https：//zgczjjcbs.tmall.com

北京财经印刷厂印刷　各地新华书店经销

成品尺寸：170mm×240mm　16开　10.75印张　200 000字

2021年7月第1版　2021年7月北京第1次印刷

定价：68.00元

ISBN 978-7-5223-0564-6

（图书出现印装问题，本社负责调换，电话：010-88190548）

本社质量投诉电话：010-88190744

打击盗版举报热线：010-88191661　QQ：2242791300

总　序

长江全长6397千米，是世界第三大长河，流域面积180万平方千米。长江经济带包括上海、江苏、浙江、安徽、江西、湖北、湖南、重庆、四川、贵州、云南九省二市，2015年，其土地面积为205万平方千米，占全国国土总面积的21.3%；人口为5.9亿，占全国的43.7%；国内生产总值为30.53万亿元，占全国的45.12%，是横跨我国东中西三大不同类型区的巨型经济带，也是世界上人口最多、产业规模最大、城市体系最为完整的流域，在中国发展中发挥着十分重要的作用。

协同发展（Coordinated Development）是指协调两个及两个以上的不同资源、个体，相互协作围绕某一具体目标，达到共同发展的过程。协同发展论与达尔文进化论不同，强调竞争不以优胜劣汰、置对方于死地为目的，而是通过发挥双方各自特长，通过制度、体制、科技、教育、文化的创新，实现双方的共同发展和社会共同繁荣。协同发展的理论根基为协同学。而协同学（Synergeics）由德国斯图加特大学教授、著名物理学家赫尔曼·哈肯（Harmann Haken）于1971年首次提出，并在1976年发表的《协同学导论》著作中进行了系统论述，它是一门跨越自然科学和社会科学的新兴交叉学科，是研究系统内部各子系统之间通过相互合作共享业务行为和特定资源，而产生新的空间结构、时间结构、功能结构的自组织过程和规律的科学。1990年以来，随着冷战的结束、经济全球化的发展，协同学逐渐被引入地理学、经济学、管理学、社会学等学科领域，并得到了进一步发展和应用。

放眼全球，受经济全球化不断深化的影响，协同发展论已经成为当今世界许多国家和地区实现社会可持续发展的理论基础，欧盟已将协同发展作为推进欧洲一体化的指导思想与原则，并据此制定了一系列涉及世界城市群建设、创新网络、经济互动、社会共享等领域的纲领和政策措施，并取得了显著成效。回眸域内，长江经济带建设是我国新时期与“一带一路”、京津冀协同发展并列的三大国家发展战略之一。2013年7月21日，习近平总书记在湖北考察时指出，“长江流域要加强合作，发挥内河航运作用，把全流域打造成黄金水道”；2014年3月5日，李克强在《2014政府工作报告》中首次提出“要依托黄金水道，建设长江经济带”；2014年9月25日，国务院发布了《关于依托黄金水道推动长江经济带发展的指导意见》（国发〔2014〕39号），明确了长江经济带的地域范围、奋斗目标和发展战略；2016年3月18日发布的《中华人民共和国国民经济和社会发展第十三个五年规划纲要》指出，推进长江经济带发展，建设沿江绿色生态廊道，构建高质量综合立体交通走廊，优化沿江城镇和产业布局，坚持生态优先、绿色发展的战略定位，把修复长江生态环境放在首要位置，推动长江上中下游协同发展、东中西部互动合作，建设成为我国生态文明建设的先行示范带、创新驱动带、协调发展带。

展望未来，长江经济带在我国国民经济带发展中肩负着重要的历史使命，必须在践行创新、协调、绿色、开放、共享的发展理念、在协同发展、科技创新等方面率先垂范。有鉴于此，依托教育部人文社科重点研究基地“华东师范大学中国现代城市研究中心”、上海市哲社重点研究基地“华东师范大学长三角一体化研究中心”、上海市人民政府决策咨询研究基地曾刚工作室、华东师范大学城市发展研究院，在教育部中国特色世界一流大学和一流学科建设计划、上海高等学校高峰学科和高原学科建设计划等的支持下，在笔者主持的长江经济带系列研究项目的基础上，编著、出版《长江经济带协同发展的过程、机理、管治》丛书，全面系统探讨长江经济带不同空间层级、不同专题领域的协同发展、创新发展问题，以期为长江经济带科学规划、健康发展提供理论和应用参考。

在丛书的编写和出版过程中，上海市人民政府发展研究中心、华东师范大学长江经济支撑带协同创新中心、中国长江经济带研究会（筹）等单位、组织的领导和工作人员给予了大力支持，中国财政经济出版社王长廷副总编辑等为本书顺利出版付出了大量心血，特此致谢！

需要特别说明的是，长江经济带协同发展是一个重大而复杂的理论与应用命题，迫切需要社会各界协同探索。受多方面条件所限，本套丛书谬误之处在所难免，恳请读者批评指正！

华东师范大学终身教授　曾刚

2016年5月于华东师大丽娃河畔

前　言

中国的城镇化核心是解决数量庞大的流动人口定位及去留问题。2016年2月，国务院印发《关于深入推进新型城镇化建设的若干意见》，提出要加快突破解决“三个1亿人”城镇化问题。2016年5月3日，国家再次发文提出六个“一”举措，使新型城镇化成为政府和社会持续关注的焦点。“十四五”规划文件则进一步强调了要深化户籍制度改革，完善财政转移支付和城镇新增建设用地规模与农业转移人口市民化挂钩政策，强化基本公共服务保障，加快农业转移人口市民化。根据国家统计局最新公布的数据显示，2019年中国城镇化率突破60%，但户籍城镇化率仅为44.38%。最新公布的第七次全国人口普查数据显示，2020年我国居住在城镇的人口为9.02亿，占总人口的63.89%。但人户分离现象显著，与2010年第六次全国人口普查相比，我国人户分离人口增加约2.31亿人，增幅达88.52%。这说明，城镇化进程中仍有大量流动人口未实现户籍城镇化而徘徊在务工地和流出地。这一庞大群体的市民化问题必然成为影响我国真实城镇化率的关键。

目前我国城镇化进程中，一线大城市未解决的“城市病”问题，如高房价、人口过分密集等使流动人口异地市民化面临着诸多挑战；同时，自2008年国际金融危机暴发以来，中国外出务工人员的返乡问题也一直是社会各界关注的重点。流动人口如何实现异地城镇化和就地城镇化选择，涉及流动人口的异质性，因此市民化路径也要分层、分化。本书通过梳理城市经济学、劳动经济学和社会学关于城镇化的研究内容，从流动人口市民化的双体系，即异地城镇化和就地城镇化，这两个层面来分析流动人口市民化的影响因素。并基于流动人口市民化面临的两大现实问题，就业（乐业）和住房（安居），归纳了流动人口在劳动力市场的就业行为，以及身份认同与住房消费。这些切身现实问题的解决对洞悉个体劳动者主观城市化意愿及推进我国不同规模城市的城镇化具有一定的实践意义。

本书以2018年上海市哲学社会科学基金项目为基础，综合新经济地理学理论和现有文献综述，正文部分主要从以下几个方面探索我国流动人口的城市化路径：第一部分主要回溯了影响中国流动人口实现安居乐业的时代背景。第二部分从人口流动的规模和流向，分析了影响人口流动的因素，并结合自然条件、技术条件和社会政策等影响我国城市发展均衡性的有效动力，指出可能会推动“胡焕庸线”格局发生从量变到质变的因素及流动人口的未来发展趋势。第三部分首先分析了影响流动人口在劳动力市场中工作搜寻时间的因素。从社会资本的三个测量指标（社会网络的规模、社会网络的质量和社会网络的结构）分析了社会资本对工作搜寻时间的影响，并结合新冠肺炎疫情对劳动力市场的冲击，分析了疫情对流动人口就业的影响及应对措施。第四部分侧重分析流动人口在劳动力市场中的自我雇佣行为，通过二元Probit模型分析了流动人口选择自我雇佣行为的影响因素，并采用明塞（Mincer）基本工资方程，区分了自我雇佣行为的投资收益和工资报酬，验证了自我雇佣比工资雇佣具有显著的收入优势。之后从就业形势变动角度分析流动人口在工作搜寻行为之后的工作辞职原因及自我雇佣与工资雇佣的相互转化。第五部分根据计划行为理论，采用2014年国家卫计委公布的全国流动人口动态监测数据（CMDS），实证分析了身份认同对流动人口消费水平的影响机制。当流动人口的市民身份认同感越高时，在务工地的消费水平，尤其住房消费也越高。第六部分以流动人口的住房问题为切入点，通过采用2014年CMDS数据，分析了我国流动人口的留城意愿和购房特征，并从城市规模角度分析一线城市、二三线城市流动人口市民化路径的差异化。第七部分进一步以上海市为城市案例分析样本，重点研究流动人口青年群体的住房问题。由于青年群体的住房保障政策覆盖范围有限，大部分青年短期内还无力通过市场购买的方式解决自身的住房需求，因此住房困难具有阶段性和过渡性特征。本部分采用问卷调查与调研相结合的调查方式，分析上海市流动人口中青年群体在住房供需、住房配置和留沪意愿等方面存在的主要问题及对策。第八部分重点研究流动人口的回流行为及就地城镇化。以劳动力异质性为研究对象，分析流动人口返乡行为和背后的影响因素，以及就地城镇化的路径选择。第九部分从具体对策操作层面，结合流动人口市民化的客观约束条件和主观认同两个层面，从城市管理体系新理念、住房保障体系和城市公共建设体系等方面为流动人市民化路径提供相关对策建议。

本书尝试通过新经济地理学的交叉学科视角分析劳动力流动问题和市民化问题。通过实证分析，本书的主要发现有：

（1）由于中国人情社会的特殊性，社会网络关系对配置劳动力就业起着关键的作用。基于2008年中国城乡外出务工调查数据（RUMIC），本书采用工作搜寻时间的持续模型发现，在其他人力资本因素和外部经济环境保持不变的情况下，社会网络的机构对外出务工人员的工作搜寻行为产生显著的正向影响。我国处于产业结构升级优化的转型期，除社会网络渠道外，政府应结合市场的调控作用，促进城市外来务工就业信息公共平台的建立，以规范其就业渠道，增强其就业岗位获得感。

（2）推进以“人”为核心的城镇化进程，流动人口的身份转变与角色定位问题值得关注。基于身份认同概念界定，本书将流动人口群体分为返乡型、徘徊型和城市定居型。研究发现，流动人口的城市居民身份认同度越强，其消费水平越高；且随着市民身份认同度的提升，流动人口的平均消费倾向和边际消费倾向均明显增加。分析身份认同度对消费水平的动因机制，发现徘徊型群体和定居型群体存在异质性：对于城市定居型群体，与本地居民相比其城市归属感不足，补偿性消费理念更有助于提升其消费水平。对于徘徊型群体，当流动的距离越近时，其消费水平反而越高。从流动人口主观身份认同角度，就地流动反而更能促进流动人口的消费。这说明，通过完善流动人口社会保障体系，提升流动人口市民身份认同感，对于缓解我国流动人口消费不足至关重要。

（3）在流动人口实现市民化的客观约束条件中，住房问题关系到个人留城和安居乐业的实现。通过分析外来流动人口购房意愿特征及影响因素，本书发现城市规模对流动人口当地购房意愿的影响呈倒“U”形。相比北京、深圳等一线城市，流入二线城市（郑州、成都、青岛、厦门等）的流动人口当地购房可能性最高，其次是三线城市。影响外来流动人口工作地购房意愿的因素可归纳为经济因素、家庭因素以及城市融合因素。经济因素和城市融合因素均对流动人口工作地购房概率产生显著影响，其中家庭月均收入对工作地购房产生显著的“U”形影响。外来流动人口在城市的融合因素，如流动人口在工作地的身份认同和邻居居住类型都对工作地购房概率产生显著正影响。这说明，要合理解决外来流动人口在城市的安居问题，不宜采取“一刀切”的方式，而应根据城市规模特征和流动人口的主观住房意愿，分类别、分步骤地引导流动人口逐步定居实现市民化。

本书是根据作者博士毕业论文《中国农村移民劳动力市场行为研究》和近几年的研究基础整理完成的。在前期研究展开过程中，我的导师赵忠教授在选题、研究思路和具体撰写过程中，均给予了我很有针对性的建议。从硕士阶段，一直跟从赵老师研究移民问题。感谢赵老师的悉心指导、使我在理论训练和计量模型方面有了系统学习的机会。本书的撰写也得到了华东师范大学城市发展研究院院长曾刚教授和各位同事的修改建议，以及中国现代城市研究中心的资助，中国财政经济出版社也给予了大力支持。此外，本书从开始起笔到最终落稿，也见证了我可爱女儿的四岁成长。她每天充满活力的状态，让我倍受启发。在我气馁时给我的童言励语，更坚定了我完成著作的初心和继续从事科研的信心。学海无涯！感谢我的先生，对我一路走来的鼓励和支持，让我可以在科研道路上毫无顾虑的做自己喜欢的事情。还有我勤劳有爱的父母，永远是我学习的榜样和最坚实的后盾。在此，对各位表示衷心感谢！

宋艳姣

2020 年 9 月于华东师范大学丽娃河畔

目　录

第一章

中国流动人口实现安居乐业的时代背景

第一节

流动人口市民化的中国特色

伴随农村大量剩余劳动力向城镇地区流动和集聚，流动人口市民化问题一直是经济学、人口学以及社会学等多学科探讨和研究的重要课题。20世纪80年代初，随着我国农村家庭联产承包责任制的改革，农村集体经济逐步瓦解，农村劳动生产率大幅度提高，大量隐形失业的农村劳动力开始显性化。一方面，由于农业人口过多而农村耕地有限，较低的农业收入使农村剩余劳动力产生离开土地、外出打工的强烈动机（朱农，2004）；另一方面，城镇地区的快速发展，对劳动力产生了大量需求（蔡昉，2001）。劳动力供给与需求的相互作用，为农村剩余劳动力由农村向城镇、由西部向东部沿海区域迁移提供了有利的外部市场环境。从1989年中国出现"民工潮"现象以来，外出务工劳动力还在不断地由农村向城市输入，已经由1996年的3900万人增加到2020年的3.76亿人（数据来源：国家统计局公布的《第七次全国人口普查公报》）。规模如此之大，使外出务工人员成为城镇化进程中的关键群体。

农村剩余劳动力由农业解放出来不断向城市非农产业转移，是每个国家实现工业化所必然经历的现象。但不同于国外发达国家早期城镇化的单向性和不可逆性，我国城镇化兼具"半城镇化"和多向性的特征，市民化道路任重道远。由于我国特有的户籍制度和农村家庭承包责任制，外出务工人员的流动模式往往具有双向性和循环性，使城镇化问题更加多元化和复杂化。加上我国城镇劳动力市场的二元分割性，使大量农村剩余劳动力并不能真正融入正规的劳动力市场，导致我国劳动力市场出现了一系列独特现象。(1) 农村地区大规模劳动力外流形成了“空巢”村，而城市部分地区却面临着“民工短缺”现象；(2) 在中国城市，除政府提供正规渠道的中介场所外，仍普遍存在着多处由外来务工人员自行组织的非正规劳务市场；(3) 虽然“城管规制”现象屡屡发生，但进城务工人员却仍热衷于选择自我经营。这些现实问题的切入为本书关注流动人口的市民化问题提供了很多启发性思考。

新型城镇化是一个涉及户籍和人口管理制度、城市公共服务体制等多种体制改革的系统工程。自我身份的认同是流动人口在满足市民化的客观条件下，流动人口城市融合更深层次的主观体现。现实中，社会层面的边缘身份使流动人口在迁入地与迁出地的往返行为具有明显的不稳定特征。有相当规模的外出务工群体在务工地不能完全融入城市居民生活，在迁出地又与农民身份有着密切的联系，因此往往与“候鸟”“过客”等边缘城镇化的词汇相联系。不安定的生活不仅不利于流动人口家庭结构的维护以及下一代子女的教育问题，还不利于各地政府开展对外来流动人口群体有针对性的保障措施。因此，在探索市民化路径时，流动人口的城市融合和市民主观认同也起着非常重要的作用。在流动人口市民化进程中，学者普遍关注户籍城镇化的问题，而对常住城镇化的阶段化演变还不太系统。流动人口由户籍市民化到常住市民化的转化，客观表现在拥有稳定的就业和住所，主观体现在对城市融入的身份认同。这涉及户籍制度改革、统一城乡劳动力市场、完善住房保障制度建设等一系列“新市民”城市公共服务制度的建立。

此外，近年来中国各地方出现的“返乡潮”与国外的逆城镇化现象还存在明显的差异，是城镇化不彻底的一种表现，而不具备国外逆城镇化的特征。尤其是随着我国沿海地区劳动力结构不断优化，我国劳动力成本的上升，部分国内沿海加工制造业纷纷转移到中西部甚至东南亚劳动力价格相对低廉的地区。同时，中西部地区在承接产业转移方面也在不断完善推进机制，当地流动人口的返乡行为使传统劳务输出地成为新的劳动力“蓄水池”。如何解决返乡群体的就地城镇化问题值得进一步关注。农村外出务工人员的返乡行为具有多元性，短期回流的群体在长期内还面临着再次外出务工的决策，这导致流动人口就地城镇化具有不稳定性。因此，要探索我国特有的新型城镇化路径，需要结合迁入地和迁出地的情况，从流动人口市民化的客观约束和主观认同两个层面全面剖析我国城市外来流动人口的行为特征和市民化的稳定性，从异地城镇化和就地城镇化双重视角来逐步解决我国“三个1亿人”城镇化问题（见图1－1）。

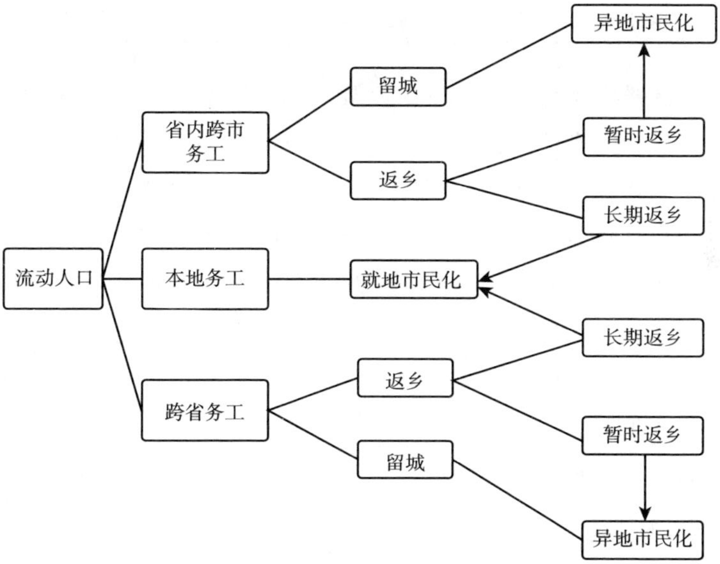

图1－1　中国城乡流动人口市民化路径

第二节

我国流动人口的户籍政策变迁

改革开放以来，我国流动人口政策大体经历了严格管制、相对开放、社会融合三个阶段（见表1－1）。我国流动人口政策的演变特点和发展趋势主要表现在以下三个方面：管理内容正从“管理控制”向“服务管理”转变，流动人口服务工作已成为政策之要务；管理理念由“人治”向“法治”转变，依法行政、消除歧视、保障公平正成为政策之要旨；管理手段由“繁杂式”向“简约化”转变，建立惠及流动人口的公共服务体系，促进流动人口主动登记将成为未来政策之方向。

表 1－1　　我国流动人口的政策演变

年份	政策调控
1989～1991 年	控制盲目流动
1992～2000 年	鼓励、引导和实行宏观调控下的有序流动； 开始逐步放开户籍，并在全国范围内试点
2000 年至今	流动人口鼓励放开和城市融合阶段

流动人口严格控制阶段。随着大量流动人口涌入城镇，我国城市的铁路运输和基础设施建设面临巨大压力。1989 年 3 月，国务院办公厅正式发布了《关于严格控制民工外出的紧急通知》，从此揭开了我国流动人口管制政策的序幕。同年 4 月，公安部、民政部联合下发《关于进一步做好控制民工盲目外流的通知》，要求相关省份继续做好本省外流民工的劝阻工作。此后，政府还曾多次通过行政命令要求对流动人口进行管制。1990 年 4 月，政府提出了要运用法律、行政、经济的手段对进城务工的农村劳动力实行有效控制和严格管理，并建立临时务工许可证和就业登记制度。1991 年 2 月，国务院办公厅进一步发布了《关于劝阻民工盲目去广东的通知》。可见，在此阶段之初，各项管理政策的主要目的在于控制人口的盲目流动。

流动人口有序流动阶段。1994 年 11 月，劳动部发布了《农村劳动力跨省流动就业管理暂行规定》，开始对跨省人口流动进行控制，内容包括实行流动就业证制度控制流动人口流动跨省、采取本地就业优先原则限制流动人口跨省流动、严格控制招收方式等。1995 年 7 月，中央社会治安综合治理委员会同公安部、劳动部等 16 个部委在厦门召开全国流动人口管理工作会议（简称“厦门会议”），确定了“因势利导、宏观控制、加强管理、兴利除弊”的流动人口指导思想。随后，中央社会治安综合治理委员会于同年 9 月颁布了《关于加强流动人口管理工作的意见》。1997 年 5 月，公安部颁布了《小城镇户籍管理制度改革试点方案》，允许已经在小城镇就业、居住并符合一定条件的农村人口在小城镇办理城镇常住户口，以促进农村剩余劳动力就近、有序地向小城镇转移。

流动人口鼓励放开阶段。2000 年 6 月 13 日，中共中央、国务院发布《关于促进小城镇健康发展的若干意见》。2002 年 1 月，中共中央、国务院在《关于做好 2002 年农业和农村工作的意见》中首次提出了针对农民进城务工的“公平对待、合理引导、完善管理、搞好服务”十六字方针。2007 年 12 月，中央综合治理委员会出台了《关于进一步加强流动人口服务和管理工作的意见》。2014 年 7 月 24 日，国务院印发《关于进一步推进户籍制度改革的意见》，基本建立与全面建成小康社会相适应，有效支撑社会管理和公共服务，依法保障公民权利，以人为本、科学高效、规范有序的新型户籍制度，努力实现 1 亿左右农业转移人口和其他常住人口在城镇落户，进一步调整户口迁移政策，统一城乡户口登记制度，全面实施居住证制度，加快建设和共享国家人口基础信息库，稳步推进义务教育、就业服务、基本养老、基本医疗卫生、住房保障等城镇基本公共服务覆盖全部常住人口。2020 年 4 月 8 日，国家发展改革委印发《2020 年新型城镇化建设和城乡融合发展重点任务》，督促城区常住人口 300 万以下城市全面取消落户限制，推动城区常住 300 万以上城市基本取消重点人群落户限制，促进农业转移人口等非户籍人口在城市便捷落户。

综上所述，21 世纪后对以农民工为主体的流动人口的权利保护和社会服务有了明显的进展。其中较为突出的是流动人口义务教育阶段的子女在流入地获得了平等的受教育权利；在计划生育方面更加重视对流动人口管理与服务的结合；在就业领域中通过构建和谐劳动关系而保护农民工的基本权益，并在就业培训方面为农民工提供了更多的公共服务。此外，在社会保险方面强化了对农民工的工伤保险，并制定了养老保险的转移接续办法，对流动人口参与社会保险起到了积极的作用；在医疗卫生政策方面将流动人口纳入了社区卫生服务，在住房政策方面最近几年中逐步将流动人口纳入了公租房的保障范围；并且在城市基层社区层面上更加重视将流动人口纳入社区服务体系。

第二章

我国人口流动的现状及趋势

第一节

城镇化过程中人口流动的区域布局

（一）我国城镇化的地区差异

城镇化是经济社会发展的结果，是推动经济增长的动力（蔡昉，2015）①。中国的城镇化目前已经达到了63.89%，该城镇化率主要采用的是常住人口统计口径。按照户籍计算，2020年中国户籍城镇化率只有45.4%。现实的城镇化和户籍的城镇化两者之间还有巨大的差距。根据现有公开的全国流动人口数据测算，2008～2014年，流动人口中年龄偏低的人群，数量和比重都在下降。年龄偏大的，40岁以上的流动人口占的比重是从2008的30%提高到了2014年的43.5%，40岁以上人群的比重是明显提高的。第一代高龄进城流动人口回流，会导致中国在出现过度城镇化之前会出现逆城镇化现象。

目前，大多数发达国家的城市化过程已基本完成，如日本城镇化率高达91.73%，法国和英国分别为86.26%和79.76%②，这些国家的人口分布基本处于均衡状态，人口迁移不会使人口分布发生显著变化。相比国外

① http：//www.ciliba.com/bao/c4efr1x51019n423626827.html.

② 根据国家统计局国际数据部分整理得到。

发达国家的平均水平，我国目前总体上还处于城市化中期阶段，距离高度城市化（70% ~80%）还有很大的提升空间。同时，我国城镇化率仍存在显著的地区差异（见图 2－1）。2019 年，我国东部地区城镇化率最高的地区为上海，城镇化人口占 88.3%，而西部地区城镇化率最低的为西藏，仅为 31.54%，还不到上海的 1/3。这说明，随着新型城镇化目标的全面推进，我国西部地区面临着大量农村人口如何向城市跨地区或就地合理、有序的转移问题，这必然带来我国人口分布格局发生变化。

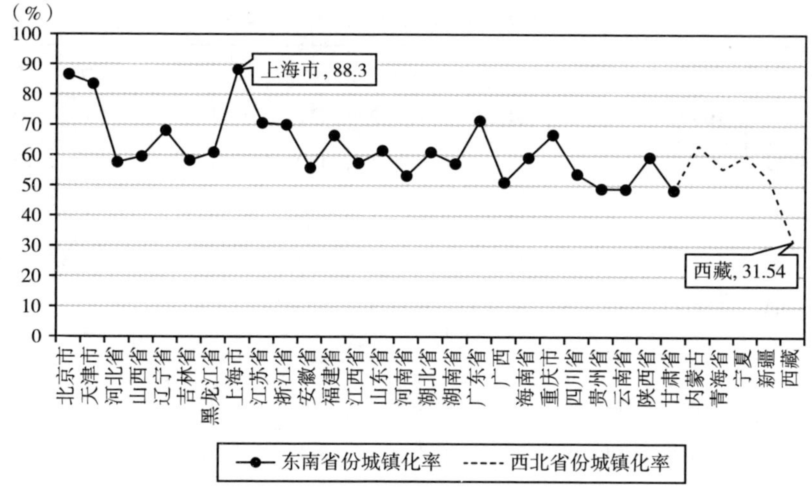

图 2－1 2019 年我国各省份城镇化率

注：数据中各地区的人口数据为常住人口统计口径。

数据来源：《中国统计年鉴》(2020)。

（二）经济水平与人口流动

经济水平差异对劳动力迁移起促进作用是学术界公认的事实，如一些学者认为 GDP 增长率与迁移规模显著正相关（Zhang et al.，2003）。从 2010 年开始，我国东西部的经济发展水平发生着变化。对东部和西部地区的部分省份 GDP 增长率进行对比可以发现（见表 2－1），在 2000 年和 2005 年，GDP 增长率最高的分别为东部的广东和江苏，西部地区的新疆、西藏的 GDP 增长率略低于东部各省份。2010 ~2019 年，青海、西藏等西部地区省份 GDP 增速逐渐超过东部地区各省份，GDP 增长率最高，而东部地区 GDP 增长速度有所下降。根据 Zhang 等（2003）的观点，可以判断西部地区的人口迁移布局在将来可能会发生变化。这与丁金宏等（2005）的观点相似，根据第五次人口普查数据得出，目前我国各地区的迁入率与迁出率互逆消长，西部地区尤其是新疆的人口迁入率高达 12.7%，我国人口分布格局正在发生一些变化，沿海地区的人口集聚度在进一步增强，而西部与中部的人口密度差异在不断缩小。

表 2－1　　2000～2019 年我国部分省份 GDP 增长率

指标	新疆	西藏	宁夏	青海	江苏	浙江	湖南	广东
2000 年	108.7	110.4	110.2	108.9	110.6	111	109	**111.5**
2005 年	110.9	112.1	110.9	112.2	**114.5**	112.8	112.2	114.1
2010 年	110.6	112.3	113.5	**115.3**	112.7	111.9	114.6	112.4
2011 年	112	112.7	112.1	**113.5**	111	109	112.8	110
2012 年	112	111.8	111.5	**112.3**	110.1	108	111.3	108.2
2013 年	111	**112.1**	109.8	110.8	109.6	108.2	110.1	108.5
2014 年	110.0	**110.8**	108.0	109.2	108.7	107.6	109.5	107.8
2015 年	108.8	**111.0**	108.0	109.2	108.5	108.0	108.5	108.0
2016 年	107.6	**110.1**	108.1	108.0	107.8	107.6	108.0	107.5
2017 年	107.6	**110.0**	107.8	107.3	107.2	107.8	108.0	107.5
2018 年	106.1	**109.1**	107.0	107.2	106.7	107.1	107.8	106.8
2019 年	106.2	**108.1**	106.5	106.3	106.1	106.8	107.6	106.2

注：为了对比更有针对性，本书只选取了“胡焕庸线”两侧的部分省份，而没有列出全部省份。

数据来源：《中国统计年鉴》（2001～2020 年）和各地统计局官网数据整理。

（三）人口流动的空间分布特征与趋势

随着我国城镇化进程的加快，如何推动劳动力在城乡区域、产业间的合理配置，从而有效实现人口的合理分布已成为影响我国经济社会可持续发展的全局性问题。追溯与人口迁移区域布局相关的经典理论，以“配第—克拉克经济定律”和“推—拉理论”较具代表性。以上述理论为基础，很多学者对于城镇化进程中人口迁移及空间布局做了相关研究。其主要归结为以下两个方面：（1）关于人口分布存在不均衡现象，学者普遍认同这一观点。人口分布格局是在自然、历史等多种因素影响下自发形成的。我国自然条件和自然资源的地区差异性，使我国人口分布存在着不平衡性（祝卓，1980；吴玉平，1991）。（2）关于人口分布不平衡是否合理，专家持不同观点。人口分布不均衡与人口分布不合理是两个不同概念，人口分布不平衡可以兼具合理性，其是否合理主要表现在自然条件和社会经济方面。从自然条件的生态学角度分析，学者观点大体一致，普遍认为我国人口分布在空间上不平衡，但与自然地理条件、生态环境是相平衡的（乔瑞迁，1987；叶东安，1988；原华荣，1993），人口分布是自发形成的生态均衡系统（祝卓，1980）。另一些学者从相对角度出发，认为随着城镇化的推进，我国人口分布更多地要受当地经济发展的影响，因此现有人口格局并不是最合理的。有些学者根据人口适宜分布模型，将地区的实际人口密度和计算人口密度进行对比，得出西部地区的宁夏、贵州、青海和甘肃现有实际人口数超出了当地的人口承载力，这些地区面临着突出的人口压力问题。而一些东部沿海地区的人口承载力却远远大于现有人口数（刘燕华等，2001）。程希（1996）也得出相似结论，认为我国经济承载力与资源限制出现了不匹配，东部地区的经济承载力相对充足，资源受到限制，而西部地区经济承载力不足，人口压力大，如内蒙古、西藏、青海等西部地区的经济承载力不足而资源承载力相对丰富，北京、上海等发达地区经济承载力富裕而资源承载力都不足。

从人口地域分布趋势看，中国流动人口空间分布的格局基本不变。“胡焕庸线”作为我国人口分布的地理分界线这一论断已被国内外学术界认可。它不仅是中国人口空间分布不均衡的基线，也反映了我国东南和西北地区发展的不均衡。“胡焕庸线”提出至今，学界针对“胡焕庸线”是否变动做了大量研究。如葛美玲等（2009）学者通过采用第五次人口普查分县数据，得出中国自1960年以来，人口分布的地理格局并未发生大的改变。类似的最新文献还有以2005年、2010年中国县级行政区人口数据为研究基础，分别计算我国乡镇街道的人口密度，并进行人口密度的分级显示。结果得出，2000 年全国 39007 个乡镇街道的平均密度为 873 人/平方公里，到 2010 年则上升到 977 人/平方公里。2000 ~ 2010 年，我国人口呈现多中心的空间集聚格局，其中华北平原、长江三角洲、珠江三角洲、四川盆地和关中平原是主要的人口密集区，人口密度普遍在 500 人/平方公里以上。东南和西北两部分人口比例为 93.77 : 6.23，面积比例为 43.18 : 56.82，人口依然集中在胡焕庸提出的"瑷珲—腾冲"线以东（杨波，2014）。总体来看，近几十年我国人口的跨区域流动并没有撼动当时"胡焕庸线"测定的人口分布格局。

我国人口分布不均衡是受自然环境、经济发展水平和社会政策等各种因素综合影响的结果。随着技术的进步和社会的发展，经济发展对人口分布格局的影响日益重要。其中，我国东部地区产业集聚带动的人口集聚使该地区的资源对人口承载力受限，而西部地区由于开发不足其经济对人口承载力受限，从而使我国人口分布产生不合理性现象。为了进一步解释我国人口分布是否合理，有些学者如刘洁等（2011）采用了区域经济—人口分布协调偏离度指数 HD① 来评价人口分布的合理性。以 HD = 0.4 为临界点计算，发达国家经济—人口分布协调性很好，大多都在 0.4 以下，其中澳大利亚的协调性最好，HD 值为 0.095 接近完全协调程度。而我国经济—人口分布处于不协调状态，HD 值达到 0.539，甚至高于印度（0.452）和巴西（0.476）。这说明相比其他一些国家，我国人口在空间分布上与经济水平的协调性较差，还存在改善空间。

第二节

影响人口流动的因素

我国人口分布不平衡的现象客观存在。在近现代人口格局形成的初级

① 表示公式为 $\sqrt{\sum_{i=1}^{n} p_i (GPR_i - 1)^2}$，其中 GPR 代表某区域经济规模（地区生产总值占全国的比重）/地区人口规模（地区人口占全国的比重）。当 HD < 0.4 时，该国家的经济—人口分布被认为是协调的；当 HD > 0.4 表示经济—人口分布协调性较差。

阶段，人口分布的不平衡具有相对合理性，与我国自然地理、生态环境基本相平衡。但随着经济水平的提高，我国人口在大量增加，新中国成立初期全国总人口仅为5.4亿人，2013已经增长到13.6亿人。经济承载力与资源的制约，使人口分布不合理性逐渐凸显，再加上实现以人为核心的新型城镇化，必须使我国东中西部地区更加均衡地发展，这就为探讨突破"胡焕庸线"的可能性提供了必要的依据。随着现代工业文明时代的到来，一些影响人口分布的影响因素可能或正在面临着从量变到质变的转化，如高速铁路的开通缩小了城市间的时空和经济距离，使人口流动的频次增长加快（李祥妹等，2014）。中国社科院副院长李培林教授[①]最近谈及"胡焕庸线"突破这一问题时，也指出新型城镇化是突破"胡焕庸线"的一个有利契机。我国位于"胡焕庸线"两侧各省的城镇化水平有明显的差异，在我国新型城镇化背景下，突破这条线也具有了一定的可能性。但目前相关研究还缺乏足够的论证，这也是本部分从探讨"胡焕庸线"的适用条件入手，进而分析其突破可能性的原因。在此，将从自然条件、技术条件、社会政策等方面对"胡焕庸线"的客观适用条件进行分析。

（一）自然条件

（1）气候因素。"胡焕庸线"的一个基本出发点是气候因素，它不仅反映了我国人口密度分布情况，而且是我国半湿润区和半干旱区的分界线，这说明气候与人口密度具有高度相关性。学者普遍认为，受自然条件的约束，我国人口东多西少的状况不可能有根本改变，除非西部地区在自然条件方面发生根本性突破（祝卓，1980）。吴静等（2008）根据近2000年气温波动分析认为，早期的气候变化在形成中国人口南北分布的格局中影响并不大。我国发生南北人口格局变化时，中国近2000年的最大气候突变还没有发生，还不足于引起人口分布的大规模变化。可见，相对于某个历史时期人口的流动，气候因素对人口的影响相对具有恒定性。

（2）水资源因素。胡焕庸先生在后期研究中，以辽吉黑人口大区为

① 李培林．新型城镇化与突破"胡焕庸线"［N］．人民日报，2015－01－08．

例，验证了水资源对人口的分布起着重要的作用。[①] 刘燕华等（2001）认为，中国降雨量的区域分布与中国的人口分布大致相同，这肯定了近代发现的400毫米等降水量线与“胡焕庸线”基本重合的结论，揭示出我国西北和东南地区的水资源条件与人口密度具有相关性。中国科学院的王铮（2004）等学者对中国2040～2060年的水资源情况进行了模拟研究，指出随着气候的变化，我国西部和北部地区的降水量将有所提升，但由于蒸发的增加，水资源条件改善效果并不明显。从历史上看，水资源在人口迁移，特别是城市的建立和发展中起着重要作用，但这并不是引发全国人口布局变化的决定性因素。

（二）技术条件

（1）农业生产。当地粮食产量和人均粮食的多少是制约人口分布的基本因素（吴玉平，1991）。一些学者从农业生产潜力的变动方面研究农业生产和人口分布的关系，如王铮（2014）认为“胡焕庸线”左侧的云南省北部地区和川西地区，农业生产潜力明显提高，而“胡焕庸线”右侧的中国南方粮食主产区的农业生产潜力明显下降，这为“胡焕庸线”的突破提供了某种可能性。根据《中国统计年鉴》的数据，我们针对“胡焕庸线”左边省份的家庭人均粮食出售量[②]做了对比分析，以新疆为例，2000年家庭粮食生产基本上处于自给自主的状况，家庭平均每人出售的粮食产量仅仅为316公斤。但是到了2012年，家庭平均每人出售的粮食产量达到了约1010公斤，10余年增长了两倍多，该地区的平均粮食产量不仅已经达到家庭自主消费的状态，有相当一部分粮食开始输出。

这些现象说明，一方面，随着我国农业生产水平的提高，粮食产出已不是制约西部人口承载力的关键因素；另一方面，西部地区有限的人均农业土地量使农业收入越来越不能满足居民的生活期望值，尤其是新一代农

---

① 胡焕庸．中国八大区的人口增长、经济发展和经济圈规划［J］．地理研究，1985（4）．

② 考虑到家庭人均粮食出售量往往是家庭在考虑自身粮食消费之后出售的粮食产量，更能体现出家庭人口在满足自给自足后，由农业转向非农产业的潜力，故本书未采用常规的粮食总产量、耕地面积等数据。基于数据可得性，最新公开的数据截至2013年，故本部分仅对2000年和2012年数据进行对比分析。

民工从事农业生产的动力和欲望减弱，他们中更多的是希望在城市工作，并且扎根于城市。但是这些人口的流动去向值得深思，如果这部分群体不向东中部地区转移，就必须在推进西部地区城镇化进程中就地转移。适时推进农村劳动力非农就业，实现农村人口的自然流动是实现我国新型城镇化目标势在必行的趋势，这也是中国新型城镇化战略中提出的西部农业人口转移的重要原因（见图 2－2）。

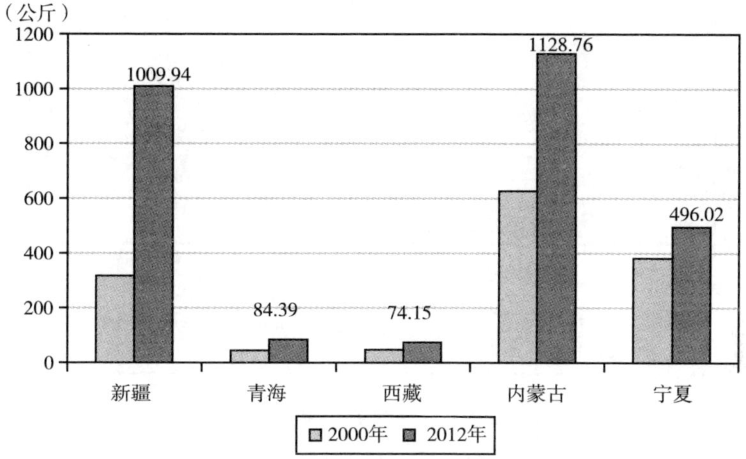

图 2－2　2000～2012 年我国西部地区家庭平均每人出售的粮食产量

注：由于《中国统计年鉴》关于“家庭平均每人出售的粮食产量”指标中，目前公开的数据只截至 2013 年，本书只采用了 2000～2013 年的可得数据进行了对比分析。

数据来源：《中国统计年鉴》（2001，2013）。

（2）交通运输。城市交通发展是新型城镇化进程中的重要部分，新型工业化是推动新型城镇化发展的根本动力，而交通发展是新型工业化发展的前提。随着现代社会的发展，物流成本的降低是区域间人口跨地区流动的基础载体。过去到一个地方，承载能力有限，且局限于交通条件，所以“胡焕庸线”不仅适用，而且稳定。但到了 21 世纪，随着全国交通运输系统、信息化系统更加完善，物流成本不断降低，相较于传统的城市交通发展模式，新型城镇化背景下的城市交通对人口跨区域流动提供了更多的可能性。因此，为了研究“胡焕庸线”的突破可能性，对新型城镇化战略下交通系统的变化进行分析也十分必要。

从新中国成立至今，我国交通运输系统经历了突飞猛进的发展（见图2-3），其中运输能力提高最快的为公路运输和航空运输。以公路运输为例，1949年我国的公路里程仅为8万公里，1978年达到89万公里，而到2019年公路运输里程已经达到501万公里，在70年间，增长了60多倍。

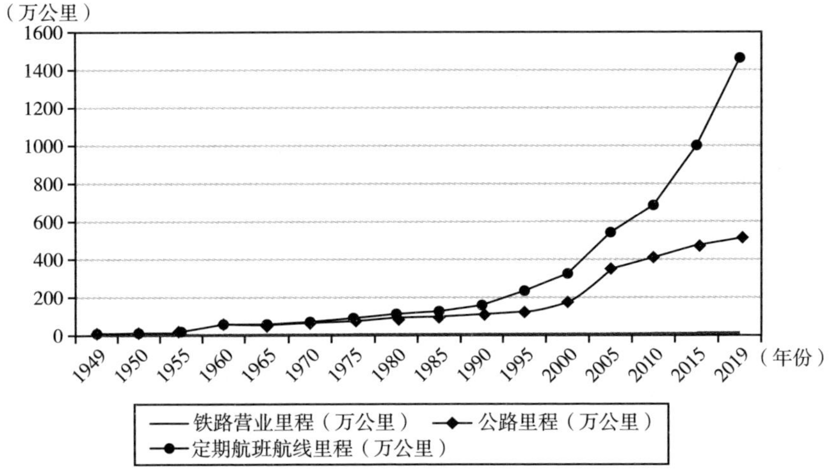

图2-3 1949~2019年我国交通运输线路里程

数据来源：《中国统计年鉴》（1950~2020年）。

根据“胡焕庸线”的划分，新疆、青海、内蒙古、宁夏分别位于人口密度线的左侧，突破“胡焕庸线”最关键的因素是如何开通西北地区和东南地区的流动通道。根据统计数据整理，1995~2019年，上述四个地区的交通运输路线里程都有了快速的扩展，其中公路运输和铁路运输的增长最为明显。以青海为例，在20多年时间里，公路运输线里程提高了近30倍，同时铁路运输线里程也提高了10多倍。特别是近10年来，中国高铁的建设对全国交通运输服务的均衡化起到了重大的推动作用。2014年11月16日，新疆首条高铁正式运营，乌鲁木齐到北京的时间压缩一半左右，新疆的客运承载力和货运能力都将提升一倍左右。随着交通条件的改善，人们对资源的开发利用程度会加深，因而西北的生存空间会进一步扩大，原来受交通不便限制的影响将会减弱（乔瑞迁，1987）。这说明随着交通运输的日益完善，这些地区吸收区外移民也由原来的不现实变成了可能，我国西北和东南地区的人口流动方式更加方便快捷。

（3）网络信息。党的十八大报告重点指出，要推动信息化与工业化的深度融合，促进工业化、城镇化、信息化、农业现代化的同步发展。网络信息化的发展使人类的生活方式发生了极大的改变。信息网络化使物流服务更加高效率化和低成本化，必然为新型城镇化过程中人们消费方式的转变和地区文化的融合提供重要推力。据统计，1997 年我国总上网人数仅仅为 62 万人，随着信息化时代的快速发展，2019 年全国移动互联网用户已经达到 13 亿人（见图 2－4）。近年来，以云计算、移动互联等为代表的宽带应用，不仅为电子商务、移动支付、网络视频等相关产业注入新的活力，拉动了整个社会的经济增长，同时也为我国西北和东南地区经济、文化和社会的融合提供了沟通的桥梁。在我国新型城镇化推进过程中，绝不能低估现代信息的作用。交通运输、信息化加上现代物流，必然使今后城镇化的格局与以往有很大的不同，我们可能正面临着这一“百年之变”的临界点。

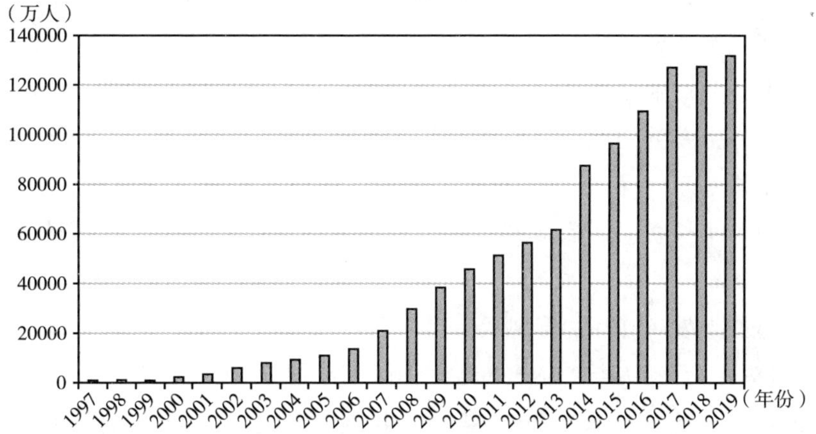

图 2－4　1997～2019 年我国互联网上网人数

数据来源：《中国统计年鉴》（1998～2020 年）。

（三）社会政策

农业生产、交通运输、信息网络等因素为可能突破人口流动的布局，缩小西北和东南地域差异提供了经济技术上的有力支持。然而从中国特有的经济发展模式来看，国家社会政策会对“胡焕庸线”突破的可能性提供更加直接有效的推动作用。从改革开放到20世纪末，由于经济发展的需求，我国对人口流动的政策大体上处于不断松动和鼓励的发展趋势。2014年3月16日，《国家新型城镇化规划（2014～2020年）》发布，该规划指出要有序推进农业转移人口市民化；2014年7月30日，国务院颁布《关于进一步推进户籍制度改革的意见》，为在城镇稳定就业和生活的常住人口有序实现市民化提供了政策支持。随着中国城镇化的推进，中国户籍制度改革也在持续深化。“十四五”规划文件进一步强调了要深化户籍制度改革，完善财政转移支付和城镇新增建设用地规模与农业转移人口市民化挂钩政策，强化基本公共服务保障，加快农业转移人口市民化。

农村劳动力由农业向非农产业转移是各国工业化、城市化进程中出现的必然现象。从改革开放到20世纪末，由于沿海地区产业发展对劳动力产生了大量需求，劳动力流动由中西部地区向发达地区转移，“打工潮”就源于此。现有研究将人口空间分布的非均衡性归因于区域经济的非均衡，人口随着空间产业结构的变动而流动达成共识。新经济地理学认为，在不存在任何外生差异情况下，经济空间必然会产生一定集聚。而经济活动的集聚机制是基于“市场接近效应”和“生活成本效应”的循环积累机制。通过这两种集聚机制，农业部门剩余劳动力逐渐向规模较大的区域集中集聚（Krugman，1991）。同时，由于贸易自由度由低到高不断发展，会使经济空间分散力发挥作用，导致经济集聚不会发展到极致，分散力变化使空间经济重构，劳动力与产业分布会经历“分散—集聚—分散”的阶段性变动。孙晓芳（2013）采用2011年《中国统计年鉴》得出我国目前空间经济结构的决定因素不完全取决于经济差异和产业分布，劳动力及人口的空间流动和分布状况成为影响空间经济结构的重要因素。而我国在经历西部大开发政策、东北重工业基地崛起等政策指导下，经济结构仍存在较大的地区差异，代表人口空间布局的“胡焕庸线”在80年内没有发生大的格局改变。

在新型城镇化推动进程中，随着农业人口进一步向城镇地区迁移，我国的产业结构会进一步调整和优化，而且城乡一体化进程会进一步加快，这必然会引起我国人口在区域间分布格局的变化。产业部门是吸纳劳动力的重要载体，在我国产业结构升级的背景下，产业结构的就业分配不仅会影响我国农村劳动力在城乡间的迁移，同时会影响其在地理区间跨区域转移，从而可能会使我国人口在空间地理分布上发生新的变化。

数据统计，我国第一产业就业比重不断下降，第二、第三产业的就业比例呈逐年上升的趋势。1952 年，我国农业就业比重为 83.55%，成为吸纳劳动力的第一大产业，而第二产业和第三产业的就业比重均不足 10%。1952 ~ 2000 年，第一产业一直是劳动力就业的主要载体，就业比重均保持在 50% 以上。从 2012 年开始，我国第三产业就业比重超过农业，产业就业比重排列为第三产业、第一产业和第二产业。2014 年至今，第二产业和第三产业成为吸纳就业岗位最多的两大产业。截至 2019 年，我国第三产业的就业比重已经达到 47.4%，第一产业和第二产业的就业比重分别为 25.1% 和 27.4%。

伴随我国经济的快速发展，各地产业结构在不断升级优化，但产业结构还存在着区域发展不平衡问题。相比全国产业结构的发展水平，我国西部地区的产业结构调整与东中部地区还有一定的差距。从统计数据来看，我国西部地区的第一产业比重与全国平均水平没有很大差异，地区差异主要体现在第二产业和第三产业上。2013 年我国西部地区的新疆、宁夏、内蒙古、青海等第二产业比重位于 45.05% ~ 57.32%，均高于全国平均水平 43.89%，而第三产业比重却都处于全国水平之下（见图 2 - 5）。近年来，我国东部沿海地区一些传统的劳动密集型产业向中西部的转移，必然会加快西部地区产业结构调整，将会使西部地区的第三产业比重加大。按照城市化进程特征，伴随着消费结构的升级，劳动力会更多地被第三产业所吸纳，从而使劳动力分布格局随着东南部地区向西部地区的产业转移过程而发生改变。

因此，随着国家政策的实施，我国的产业结构空间布局也在不断变化。据 2000 年人口普查数据统计，虽然我国沿海地区对人口迁移仍存在吸引力，但西部的新疆、西藏具有较高的人口迁入率，这说明中国人口迁移的潜力地带在悄悄地发生转移（丁金宏等，2005）。我们应该看到，在我国新型城镇化战略实施过程中，由于城乡一体化的推进和产业结构的调整，我国劳动力流动格局可能会随之发生变化。从社会政策角度看，新型城镇化是"胡焕庸线"可能突破的重大动力。

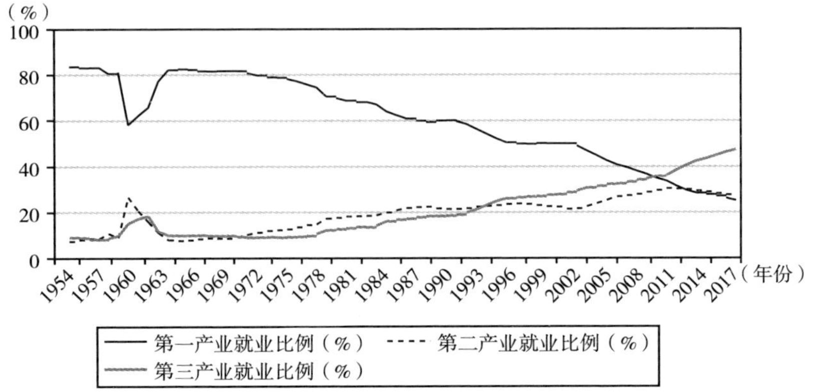

图 2－5　1954～2017 年全国三大产业就业比重

数据来源：《中国统计年鉴（2020）》。

上述关于影响"胡焕庸线"的三个方面条件，以人为干预因素起的作用大小为依据，自然条件的客观性最大，可假定基本不变；经济技术条件具有量变到质变的可能，这个推动力量现在可能到了质变的状态；社会政策的能动性最强，一定的社会政策能够加快"胡焕庸线"的突破。在"胡焕庸线"提出之初，自然客观条件占着最重要的影响比重，经济技术条件变动缓慢，而社会政策的能动性发挥着较弱的作用，我国的城镇分布格局变化不大，这可能造成了"胡焕庸线"基本不变的格局。但 21 世纪以来，经济技术条件得到了快速提升，其影响程度日益增大；同时在这一过程中，我国推行的新型城镇化战略等社会政策举措也逐渐积聚了足够的推动力，可能会使其影响的比重进一步加大，社会政策将成为提高我国城市发展均衡性的有效动力，从而可能会使"胡焕庸线"的格局发生从量变到质变的重大变化。

第三章

流动人口在劳动力市场中的工作搜寻行为

第一节

工作搜寻理论

（一）基本工作搜寻理论

工作搜寻理论是在搜寻理论的基础上发展起来的。搜寻理论在经济分析范式中是个新兴的研究领域。该理论对信息和不确定性的经济学分析起着重要作用。根据新古典经济学假设，劳动力市场是完全竞争的，不存在摩擦和信息不完全。然而在现实中的劳动力市场上，厂商的工资报价是高度离散的，并且劳动者也不完全了解市场上的工资报价信息。显然，新古典经济学已无法解释现实中工作搜寻者在求职时所面临的失业等现象。

随着人力资本理论和不确定条件下选择理论的发展，搜寻理论不断完善并形成体系。搜寻理论重点描述在充满变化和不确定的社会环境中，理性的个体是如何获得信息并使用信息来做出决策的。单个行动者的最优搜寻量的选择问题本质上是个资本和投资理论的问题。由于市场本身信息是不完全的，在劳动力市场中，单个的劳动者无法掌握全部的工作信息，为了获得能带来最大预期收益的工作，劳动者开始工作搜寻行为是非常理性的。当然，搜寻行为既会为搜寻者带来收益，同时还会产生相应的搜寻成本，因而理性的搜寻者不会无期限地寻找工作。理性的个体搜寻者会权衡搜寻成本和收益，指定最优的搜寻策略。

Stigler（1962）以两个基本假设为前提解释了搜寻行为是如何产生的。首先，假设在劳动力市场上，劳动者是同质的。其次，假设个体在工作密度分散的劳动力市场寻找工作，空缺职位的位置及报酬信息是不完全的。搜寻工作的个体失业持续时间和工作报酬是两个随机变量，其分布取决于个体特征及外部环境因素。因而求职者面对的不是单一的市场工资报价，而已知各种工资报价出现的概率，即工资报价的概率密度函数用 f 来表示，是已知的，工资报价的概率分布函数 F 也是已知的。但基于这种假设，求职者还无法确定劳动力市场上哪位雇主会给出哪个工资报价。这就需要求职者通过寻访不同企业以了解更加全面的工资信息以获得最优的工作选择——即寻访的过程便产生了搜寻行为。McCall（1970）从收益最大化角度出发，认为当搜寻行为的边际收益等于边际成本时，工作搜寻达到最优策略次数。在 McCall 的简单工作搜寻模型中，假定各搜寻阶段的搜寻成本保持不变，求职者只须将市场中的工资报价与自身的工资期望收益进行对比来做出搜寻决策。当工资报价小于期望工资收益时，求职者会选择继续进行工作搜寻；当工资报价不小于其期望收益时，则求职者将停止搜寻行为而选择接受此份工作。

（二）工作搜寻理论的拓展

初始搜寻模型假设：无限期的工作搜寻时间；工资不贴现；了解不同时期工资分布情况以及风险中立。但后来的复杂模型对简单搜寻模型的假设进行了更正：有限的搜寻时间；贴现；风险厌恶；不了解工资分布；工资分布处于不断变化；在职搜寻；财富局限性；系统性搜寻；辞职和下岗以及搜寻密度变量等。例如，Burdett（1978）将工作搜寻行为扩展到在职搜寻，认为个体为实现职业转换，会产生在职工作搜寻行为。当搜寻的新工作工资高于可接受的最低工资水平时，个体就可以放弃当前工作接受新的工作，而没有必要做进一步搜寻。

Mortensen（1970）则从雇主和雇员的角度，认为求职者在搜寻过程中考虑保留工资，而雇主给出的工资报价会随着求职者技术水平的提高而提高。所以只有当雇主工资报价高于求职者保留工资，并且工资小于求职者技术水平时，搜寻行为才会停止。Berg 和 Ridder（1998）也通过引入雇主雇佣行为对劳动者职位搜寻行为的影响，否定了工作搜寻模型中厂商的工资出价分布是外生的这一假设。通过分析荷兰劳动力供给的面板数据，估测出了各个企业之间工资水平分布、就业分布和生产率分布的估计值。结果证明，厂商工资出价的分布是内生的。一种解释是厂商在确定工资出价时往往会考虑工作搜寻者的保留工资，以此来保障利润最大化目标的实现。

（三）搜寻成本、保留工资与工作搜寻时间

市场中具有不确定性，个体获得信息需要投入成本，因此雇员会存在失业现象。但理性的个体不会无限次地搜寻工作，因为每搜寻一次工作会产生相应的搜寻成本。基于成本和收益理论，Stigler（1962）提出了搜寻工作前的两个原则：一是在达到最优选择策略前事先确定寻访企业数，即固定样本规模规则；二是序列搜寻模型规则，个人在开始搜寻前不是确定要搜寻的次数，而是会事先确定一个可以接受的最低工资，即保留工资，只有当搜寻的工资报价不低于该保留工资时，个体才会选择接受该份工作。否则，会继续在劳动力市场上搜寻工作。关于保留工资是如何确定的，Stigler（1962）从如何实现预期搜寻收益最大化角度进行了解释。假定个体搜寻过程中除了知道工资报价的分布外，其每搜寻一次工作的成本是固定的，而且搜寻者具有风险中性的特征。假设搜寻者在第 n 天后停止搜寻行为，那么这 n 次搜寻行为所获得的报价依次为 w_1，w_2，...，w_n，n 次搜寻后所得到的收益是 $Y_n = \max[w_1, w_2, ..., w_n] - nc$。根据预期搜寻收益最大化原则，搜寻者需要确定的是使 $E(Y_n)$ 最大化的保留工资，即保留工资满足 $w^* = E\max[w_1, w^*] - c$。固定搜寻成本与保留工资的关系可以用 $c = \int_{w^*}^{\infty}(w - w^*)dF(w) = H(w^*)$ 来表示。函数 $H(x)$ 是非负严格递减的，所以从该搜寻模型可以推出：确定的最优保留工资值①越大，工作搜

① 确定最优保留工资，较简单的方法是职位搜寻者只要将接受一个职位的收益与再进行一次工作搜寻的预期收益相比较即可（David Sapsford，2005）。

寻时间也越长。

McCall（1970）利用微观个体层面数据，认为工作搜寻的次数或失业持续的时间取决于两个方面：个体搜寻成本和个体保留工资。同时搜寻者会权衡搜寻工作信息的成本与个体保持失业状态时所获得的补偿（失业补助金以及休闲收益）。求职者和丧失信心的求职者[①]搜寻成本包括：交通成本、搜寻心理成本、放弃选择成本。工作搜寻模型：假设：（1）求职者知道与个人技能对应的工资分布；（2）知道寻找工作的成本各工作机会之间与工资分布是独立的随机选择。当社会中存在不确定性，并且了解信息具有花费成本时，失业资源就会产生生产作用，而搜寻行为有利于这些资源产生生产作用。停止搜寻的最优原则：搜寻的次数和失业持续时间取决于工作搜寻者搜寻工作的机会成本，以及以自身能力为衡量标准的预期工资率。如果个体认为他自身的工作技能远高于工作提供的工资率，他会继续搜寻工作。并且当工作搜寻成本越高时，他会缩短工作搜寻次数。区分信息搜集花费的成本与个体保持失业多获得收益两者之间的大小是很有必要的。处于失业状态的收益有：失业补偿金等，则失业在一定程度上可以称为零职业。

劳动者进入劳动力市场进行工作搜寻时，工作搜寻次数以及搜寻持续时间要考虑两个方面的原因：一方面是工资的分布（正作用）；另一方面是工作搜寻成本（负作用），即心中的保留工资（搜寻者认为自身的劳动力价值范畴），搜寻者要进行比较。最佳搜寻点是得到新增加工作的边际成本与预期边际收益相等，并界定保留工资不随时间变化而变动。工作搜寻者在找到工作前，假定每天找到一份工作，并且在接下来的搜寻过程中保持不变；搜寻工作成本（如广告费和交通费）是个常数C；搜寻者得到的工作数没有限制；样本收回（所有工作岗位都保留着）和样本不收回（如果没有及时接受工作，就会丢掉工作）；当找到工作时，搜寻行为停止，该搜寻者进入就业状态。搜寻成本是有关保留工资变量的函数，搜寻成本函数呈向下弯曲的抛物线状，一阶导数为负，二阶导数为正。搜寻成本越低，搜寻的时间会越长。

---

① 在经济学中，丧失信心的求职者指那些达到合法就业年龄，没有积极寻找工作或者是经过长期工作搜寻仍然处于失业状态的个体。

总之，工作搜寻理论随着理论假设的不断拓展，研究模型越来越接近真实的劳动力市场。虽然近年来学者将工作搜寻理论应用到中国劳动力市场做研究的越来越多，尤其是大学生就业失业问题、下岗职工再就业等，但从微观角度研究流动人口工作搜寻行为的研究还不多见。而且流动人口群体具有的中国特色，工作搜寻理论的假设并不完全适用于流动人口。关于保留工资与工资报价，根据传统工作搜寻理论的假设条件和中国流动人口的工作搜寻特征，假定：工资报价低于保留工资，流动人口可以接受该工作。流动人口往往从事低技能工作，劳动力可以假定同质，其工资报价普遍处于较低的水平。

第二节

社会网络与工作搜寻

进城务工人员从农村流动到城市，其生活方式、社会关系网络会从以血缘、地缘关系为主的社会网络转变为以业缘关系为主的社会网络。中国的关系型社会现状决定了社会网络对外来务工人员群体在就业中起着至关重要的作用。由于社会资本这一概念具有社会学、经济学、政治学等多个学科的多重属性，目前对社会资本还没有统一的界定。本章将对从社会资本的定义、特征与功能、测量及对工作搜寻的影响等方面进行文献综述。

（一）社会资本的界定与测量

1. 社会资本的定义。1916 年 Hanifan 首先提出社会资本的概念。他指出社会资本是人们日常生活中最重要的可替代性物质，如意念、友谊、同情以及组成社会单位的个体和家庭间社会交流。如果个体与邻居间达成协议，以此类推到其他邻居，这些个体间会形成社会资本的累积，该社会资本会及时满足个体的社会需求，因而对整个社区生活水平的提高有潜在的促进作用。Elinor（1986）从社会学角度，认为以制度和由此形成的社会资本是影响物质资本及人力资本生产和增长的主要因素，社会资本是物质资本和人力资本的必要补充。随后，Massey 等（1987）第一个将迁移网络作为社会资本的一种。中国著名社会学者边燕杰（2004）则通过研究中国外出务工人员关系网络的角度具体界定了社会资本。他认为最根本的资本形式除了物质资本和人力资本外，最重要的一种形式是社会资本。社会资本的存在形式是以社会中人与人之间的关系网络为准则，其存在本质是关系网络所蕴含在社会行动者之间的一种可转移资源。作为社会中的个体行为者，都不能单方面拥有这种可转移资源，而必须通过关系网络的发展和积累来运用这种资源。

学者 Coleman（1988）则从资源角度，提出社会资本是个人行动的一种资源。个人的行动受社会环境、个体间信任、社会网络和社会组织的影响。社会资本不是简单的一个实体，是不同实体的一个综合变量。Coleman（1990）对社会资本总结的定义为：当个体间的关系以有利于行为的方式变化时，社会资本就会产生；当关系网络中的某个个体产生迁移行为时，他会对网络中的个体迁移行为起促进作用，如降低搜寻成本，提高未来预期的净收入，降低迁移风险，提供更多信息等。Adler（2002）也认同社会资本是一种资源。他将个体与他人间的友好关系（涉及个体间的同情、信任和原谅等）看作一种有价值的资源，这些资源可以通过信息、影响和团结等方式获得。那么从宏观角度分析，社会资本就源于行为者所处的社会结构，确切地说，个体或群体拥有的社会资本来源于行为者通过社会结构拥有的友好关系资源。

2. 社会资本的特征与功能。（1）生产性。Coleman（1988）认为从一般形式的资本角度，社会资本有利于生产活动的进行，可以促进行为个体间关系的变化。因为物质资本是完全可触知的，而人力资本要通过个体拥有的技能和知识表现出来，那么社会资本也具有无形特征，要通过个体间的关系表现出来。Curran（2002）认同社会资本本身具有生产性，社会资本最基本的特征指由个体的家庭、朋友和亲戚所组成的一种重要的资产。社会资本可以从四种视角来判断：社区视角、网络视角、制度视角和系统视角。如社区视角是指将社会资本等同于当地各类组织，如俱乐部、协会和社会团体等。通过观察给定社区中这三类组织的数量和密度，来判断社会资本的大小。（2）收益性。Adler（2002）则从投资收益角度认为社会资本作为一种资本形式，可以在未来获得预期收益。作为一种可以投资的长期资产，社会资本通过投资建立外部关系网络，系统中的个体和行为者可以扩大他们的社会资本，并通过获得信息来获得更多预期收益。同时，通过投资于内部关系的发展，行为者可以加强他们共同的认同感，并提高行为能力。Coleman（1988）认为社会资本是可支配和可转换的，社会资本可以转换成其他形式的资本。个体可以通过社会资本弥补人力资本或金融资本的劣势。

其他学者则从信息方面认为，社会资本能为个体带来收益与风险。在获得信息方面，社会资本可以有助于行为者获得更多工作机会（Granovetter，1973）。Coleman（1988）则认为社会资本虽然可以通过降低交易成本而提高经济资本的效率，但同时社会资本还具有风险功能。在获得信息方面，社会资本虽然能提高获得信息的效率以及节约时间成本，但是获得信息也存在一定的风险，建立和巩固社会关系需要一定的投资，而且关系越强，完成一定任务所花费的时间越长，因为建立和巩固强关系要比维持弱关系花费更多的成本（Granovetter，1973）。给定形式的社会资本对某种形式的行为可能有利，但是对其他行为而言可能是无用或者有害的 Coleman（1988）。Adler（2002）也认为社会资本作为一种资源只会产生正向作用的观点是片面的。

3. 社会资本的测量。Curran（2002）认为社会网络可以测量社会资本的两个方面：第一个方面是迁入地、迁出地以及两者间的社会网络中资源的存量和流量；第二个方面是社区内和社区间的个体如何通过社会网络进入更大的社会机构中。第一个方面很容易测量，但第二个方面需要更多地基于社区层面的数据而不仅仅限于个体信息，所以很难测量。从社会资本的社会网络层面，Granovetter（1973）为了研究职业流动和社会网络的关系，提出了著名的“弱关系假设”。将社会关系分为弱关系和强关系。强关系界定为有血缘关系的家庭成员、亲戚和朋友；弱关系为除朋友和亲戚外有直接和间接关系联系的人。由于强关系是群体内部的纽带，获得的信息重复有限，弱关系能提供更多的有用信息。

目前测量个体层次社会资本时，较为普遍的方法是“个体中心网络”（egocentered network）分析方法提名生成法和位置生成法。如边燕杰（2004）基于位置生成法测量，通过采用中国春节过年所拜年的人数来界定社会网络的大小。他将社会网络规模的大小作为衡量社会资本指标。他认为个体的社会网络关系规模大小与社会资本量成正比。网络差异界定为春节拜年人中有多少种职业。并得出网络差异对社会资本的贡献最大，而由于网络规模因子负载小，可以认为网络规模在衡量社会资本的指标中解释性最差。

社会关系网络是获得社会资本的渠道。行为者的社会关系网络为社会资本提供了交易机会。对于社会网络结构，一般指其组成关系的质量，如频率、密度、组成多元化等。其包括直接和间接关系，无论是直接关系还是间接关系，两者都可以为自身提供支持的个体以及资源在网络关系中流动提供途径（Granovetter，1973；Coleman，1988）。社会关系是社会结构的维度之一。Adler（2002）认为社会结构有三个维度：①市场关系；②等级关系；③社会关系。而只有社会关系才是组成社会资本的社会结构维度。Coleman（1988）认为社会资本最重要的形式之一是社会关系所固有的潜在信息，信息是采取行动的基础，但是获得信息需要成本，而获得信息的渠道之一是通过社会关系。

（二）社会网络与就业行为的研究现状

关于我国农民工在城市劳动力市场上的就业行为研究，从微观角度看，理论界主要集中在人力资本对农民工就业的影响上。在人力资本方面，虽然学者使用不同的测量指标会得出不同的结论，但现有文献基本上肯定了人力资本对农村劳动力非农就业的正向作用。另一个引人注目的问题是社会资本对于农民工就业的影响。虽然社会学家和经济学家对社会资本的作用争论不一，但 Coleman（1990）认为在研究迁移问题时，社会资本有利于个体获得或累积其他形式的资本，劳动力流动的新经济学与社会资本理论相结合，更能解释劳动力迁移的影响。

目前学者从社会网络角度分析工作搜寻行为多集中在工作搜寻渠道上，迁移网络是务工人员和非务工人员间通过血缘、朋友和共同源社区等纽带而形成的。这些网络关系有利于提高个体做出迁移决策的可能性，因为网络关系的存在可以降低搜寻工作成本和风险，提高迁移的预期净收人。Granovetter（1973）针对美国波士顿的白领阶层进行了搜寻工作渠道统计，其中有一半的人成功找到新的工作是通过社会网络渠道。

边燕杰等（2001）也认为社会关系网络可以在一定程度上改善劳动力市场上信息不对称问题。刘传江等（2004）采用2004年湖北省四个县区的450名返乡农村移民在回家过春节时做的调查数据进行研究，研究中社会资本变量采用边燕杰（2004）“春节拜年网”进行测量，分别从网络规模、网络密度或异质性（社会网络中亲属和老乡所占的人数比重）、网络结构（拜年网中不同职位的总数）三个方面验证社会资本对工作搜寻行为的影响。调查结果表明，能够在一个星期内找到工作的占73.8%，而搜寻时间在一个月以上的仅仅占5.9%。这说明社会关系确实在找工作行为中起着决定性作用。城市流动人口通过熟人关系找到工作的占总人数的86.7%，没有靠社会关系而顺利找到关系的仅为13.3%。这说明社会网络关系对流动人口在城市搜寻工作时起着缓解信息摩擦的作用，大大缩短了流动人口搜寻工作的时间，降低了时间成本。

社会网络为理解个体做出迁移决策提供了研究框架和分析工具。研究迁移问题时，社会网络被看成迁出社区的居民与迁入地个体间，以及之前有过迁移经验的个体间的联系。社会网络可以提高个体向外地迁移的可能性。Curran（2002）认为社会网络可以降低工作搜寻过程中的预期成本和风险，主要是通过交流路线信息降低交通成本以及不必要的风险。同时，当迁入地有熟悉的老乡照顾时，还会减弱因语言问题产生的同化冲击。此外，还提高预期收益，通过与有迁移经验个体的交流，会有助于尽快找到更适合的工作。一方面降低机会成本，另一方面提高长期收益。社会网络还可以帮助行为者降低生活成本，并可能得到当地熟人的货币支持。

社会网络状况往往涉及劳动者搜寻工作的渠道、家庭成员的就业情况等。拥有良好的社会网络，可以降低工作搜寻者的搜寻成本，从而提高其成功找到工作的概率。而家庭特征、搜寻成本、家庭收入等因素可能对工作搜寻者的保留工资产生影响，但对劳动力市场中雇主一方不会有很大影响。林善浪等（2010）利用2007年下半年至2008年上半年期间，对福建省19个县市的4次抽样调查得到有效问卷共421份。通过被解释变量农民工就业搜寻时间是否大于15天建立了二元Probit实证模型，结果得出家庭未成年子女数对工作搜寻时间产生正向影响，但人力资本因素如教育水平和务工经验都没有显著的影响。

边燕杰等（2001）验证了社会网络关系强弱与职业流动的关系。文中将亲戚朋友界定为强关系，将其他相识的人规定为弱社会，结果得出个体通过强关系得到工作，其职业向上流动的概率减弱；而通过弱关系找到工作的群体，其往往能流动到工作报酬高以及地位较高的职位。Lin和Dumin（1986）通过使用1975年纽约市399个20~64岁的男性个体就业数据，分析了社会关系的本质以及个体的原始身份是如何影响职位获得的。他们得出，父亲的职位和社会关系的强度会影响职业声望以及获得职位的分布广度。当父亲的职位较高时，强关系和弱关系都会有助于个体获得好的工作。而当父亲职位较低时，弱关系要比强关系提供更好的工作渠道。

此外，边燕杰（2004）还认为社会资本对个体尤其是农村向城市转移的劳动力产生着重要作用，社会资本可以促进人们提高自身的人力资本。如一些工作培训机会可以通过社会网络关系获得，使个体提高自身的专业技能，一方面促进工作搜寻的概率，另一方面可以提高工作报酬。而刘传江等（2004）还将农村移民求职途径分为基于制度化的单位招工、职业机构介绍和非制度化的社会关系网络。此外，Stigler（1962）认为初次进入劳动力市场的求职者往往对所有雇主在任何时点提供的预期工资情况不甚了解，甚至如何获取这些工资信息、就业的稳定性、就业条件以及如何保持信息的时效性等信息问题是求职者面临的主要问题。农村移民在城市还存在职业流动问题，寻找首份工作和二次工作的影响因素也会不同，而刘传江等（2004）在研究中都没有试图加以解释。

目前利用社会网络渠道对进城务工人员的就业、工资影响都有涉及，学者大多从提高资源配置有效性来研究。学界普遍认为社会网络关系的存在可以降低搜寻工作成本和风险，提高迁移的预期净收入。由于社会网络是个体间通过血缘、朋友和等社会纽带连接而形成的关系网，这些资源的充分使用可为求职者提供预期工资、就业稳定性、就业条件等信息，缓解就业信息不对称，提高劳动力市场的要素配置（Stigler，1962；Granovetter，1973；边燕杰等，2001），并有利于个体获得或累积其他形式的资本；

同时，农民工通过社会网络交流获取到更多外出就业路线信息，可以降低交通成本以及不必要的风险，提高迁移的预期净收入（Curran，2002）。

（三）社会网络对流动人口工作搜寻的影响分析

从上述研究现状分析，目前对社会网络的研究多集中在工作搜寻渠道的影响，针对社会网络结构对工作搜寻时间的研究尚不多见。在衡量社会网络资本指标上，边燕杰（2004）分析了社会网络资本三个衡量指标的解释度，并根据定位法得出网络差异对社会资本的贡献最大，网络规模在衡量社会资本的指标中解释性最差。而目前大多文献采用社会网络规模的指标来解释外来务工人员的工作搜寻行为，结果的解释性有待探讨。国内学者刘传江等（2004）虽然将社会网络的三个维度进行划分，但是仅仅对工作搜寻时间进行了统计描述，并没有展开实证验证。基于上述分析，本章试图从社会网络规模、质量和结构三个维度对农民工的工作搜寻行为的影响进行实证研究。

1. 数据来源及说明。

本书研究采用的数据主要来源于2008年中国城乡劳动力流动（Rural－Urban Migration in China，RUMIC）住户调查问卷。该数据有三个调查群体：农村、城市和移民。RUMIC该数据是基于工作地点（迁出地）进行调查，数据涉及中国9个省份和15个城市（分别是主要外贸出口城市，如广州、东莞、深圳、上海、南京、无锡、杭州、宁波；城市流动重要城市，如郑州、洛阳、合肥、蚌埠、重庆、武汉和成都）。外来务工人员在上述的15个城市进行抽样。2008年共有5000个外来务工家庭参与了调查。

2. 变量的界定。

本书外来务工人员界定为具有农村户口（包括调查当地农业户口和外地农业户口），离开户口所在地外出务工超过3个月的16～65岁劳动力。去除样本中正在接受教育的个体，共得到有效样本4822个。工作搜寻持续时间主要是指农村外出劳动力在流入地开始寻找工作到正式就业这段持续时间。由于调查问卷记录了每个就业者寻找目前工作花费的时间，以及失业流动人口的失业起始时间（即在调查时点上还在搜寻工作）。因此，我们可以计算出每个劳动力的工作搜寻持续时间。

调查问卷还涵盖了劳动者的个人特征、家庭特征、工作经历、户籍地省份和社会网络变量等。关于社会网络最需要解决的问题是，网络是个抽象的概念，不像工资、就业条件可以被观察到。所以最常用的测量方法是获取个体及与个体有关系群体间的信息。之前的一些研究从社会网络的规模和质量角度对社会网络进行了界定。鉴于可测量性，本章主要从社会资本的社会网络关系维度，来解释社会资本对工作搜寻行为的影响。从中国历年春运的返乡大潮可以看出，中国劳动力尤其是农村迁移到城市的劳动力在过传统春节时，其社会网络关系最完善。平时处于就业状态时，由于时间或地理位置人们的社会关系网络处于压缩状态。而适逢春节，人们通过当面拜访、电话、短信等形式互相联络，因此采用春节拜年网可以对流动人口的社会网络关系进行准确和详细的统计调查。鉴于可操作性，本章主要采用社会网络的规模（春节期间问候的人数）、社会网络的质量（在城市生活的联系人数）和社会网络的结构（与调查者职位相同的人数占联系人的比例）进行测量。

（1）社会网络的规模。本章采用调查问卷中“最近的一个春节期间，您通过各种方式（包括见面、打电话、写信或电子邮件等）相互问候过多少人?”来表示。

（2）社会网络的质量。在调查问卷中，有关于联络人是否主要生活在城市的问题。由于生活在城市中，可以掌握更多更全的信息，可能会对进入城市打工的外来人员提供很好的工作信息，从而缩短他们找到工作的搜寻时间。因此本章将生活在城市中的人数占总联系人的比重作为社会关系的质量标准。当比重越高时，表示拥有的社会关系网络质量越高，可能越能帮助外来务工人员在短时间内找到预期收益越高的工作。

（3）社会网络的结构。在测量社会资本时，传统的方法是提名法，即提出关系最近的几个人，按对自己重要的程度情况进行排序，并提供这些重要人员的信息，如教育水平、年龄、职业状况等。这种方法虽然不能包括全部的社会资本情况，但是能够为测量社会资本的指标提供具体的信息。在本章中，关系最近的一般为 3 ~ 5 人，根据刘传江等（2004）对社会资本结构的定义，将联系人的职业与搜寻者相对比，只要联系人中存在与搜寻者职业相同的则认定社会资本结构变量的值为1，否则为0，本章采用了职业相同的人数占总职业数的比重。

考虑到就业结构与产业结构的相互关系（孟昕等，1988），对于在迁入地工作搜寻的农村劳动力来说，往往要考虑行业发展对寻找工作的影响。因此本章加入迁入城市第三产业在地区总产值的比重，作为影响流动人口工作搜寻行为的一个重要宏观变量。为了更好地测量社会网络各自变量的影响，本章的控制解释变量主要有：人力资本变量（年龄、性别、婚姻状况、受教育程度、是否有外出经验、是否有过非农培训）；工作特征（职业、是否首份工作、所属行业、合同性质）；家庭特征变量（家庭规模、家庭人均收入、家庭人均耕地）；地区（迁入城市）主要的研究变量如表3－1所示。

表3－1　　　　工作搜寻时间变量统计

解释变量	均值	标准差	变量解释
工作搜寻时间	17.26	41.21	搜寻工作所花费的天数
年龄	31.40	10.31	16～65岁个体
性别	0.57	0.50	女性＝1；男性＝0
婚姻	0.64	0.50	已婚＝1；未婚＝0
受教育水平	8.01	3.81	在学校接受的正规教育年限
是否外出第一份工作	0.45	0.50	是＝1；否＝0
是否有过非农培训	0.22	0.41	是＝1；否＝0
职业	4.37	0.75	1＝经理；2＝专业技术人员；3＝零售人员；4＝生产工人；5＝其他
行业	3.16	0.96	1＝建筑业；2＝制造业；3＝商贸业；4＝服务业；5＝金融业；6＝政府公共事业
合同性质	3.67	7.54	1＝长期合同（包括固定工[a]）；2＝短期合同；3＝无合同（打零工）
家庭规模	2.12	1.18	家庭总人口数
家庭人均收入	2118.36	1428.36	过去12个月家庭平均人均收入

续表

解释变量	均值	标准差	变量解释
社区迁移经历	0.89	0.35	迁出社区有外出经历的劳动力比重
社会网络规模	30.20	45.39	过年春节拜访人数
社会网路质量	13.81	25.26	居住在城市的拜访人数
社会网络结构	0.39	0.12	社会联系人中具有相同职业的比重
迁入城市第三产业比重	45.30	468.46	迁入城市第三产业比重
迁入城市经济增长率	15.20	163.64	迁入城市经济增长率
样本量	4822		

注：a. 在 RUMIC2008 年调查问卷中，合同类型中含有固定工，长期合同（一年以上），由于固定工的概念本章将两者合并，统一为长期合同。

数据来源：RUMIC（2008）整理。

在调查的外出务工人员中，已经找到工作的工作搜寻时间平均为 17.3 天，这与林善浪等（2010）得出的结论相似，而与宋月萍（2010）得出的相差很多。一方面由于调查样本的不同，该问卷可能没包括临时劳务市场还在搜寻工作的群体，从而使调查结果偏小。在 7101 个总样本中，找到工作的为 6362 人，其中自我雇佣 1540 人，工资性工作为 4822 人，这说明有相当大比重流动人口选择自我雇佣的工作形式。

外出务工人员从事的行业比较单一，有近一半的人从事服务业，其次是建筑行业，而金融财政和公共管理业就业比例非常小。由此可以看出，务工人员在城市就业存在着行业壁垒，这一方面由个体特征决定，另一方面则与户籍制度密切相关。由于城市资源的稀缺和有限性，有无当地户口仍是决定城市里工作的人们享受社会公共资源的先决条件。从就业行业分布来看，迁入城市第三产业比重以及经济发展情况可能会影响这些外出务工人员的工作搜寻时间。因此本章在建立模型时也引入上述两个控制变量。

此外，工作搜寻有明显的地区差异。相比较广西、贵州等西部地区，郑州、洛阳以及南方沿海城市的务工人员反而在短时间内找到工作的可能性更低。前往西部地区的流动人口找到工作的平均时间为 7.9 天，中部为 13.1 天，而东部为 11.5 天。对于西部地区，可能由于经济发展条件等原因，人们选择前去打工的动机不高，可能更多的是当地农村地区的居民去城市找工作。

3. 我国外出务工人员工作搜寻渠道描述统计。

目前找到工作的外来务工人员，工作搜寻渠道以社会网络为主。在4822个样本中，通过社会网络找到工作的占近60.7%，这一结论与Granovetter（1973）利用美国波士顿300名白领的求职观点相近。通过市场搜寻渠道找到工作的仅占39.22%，说明市场仅在农民工劳动力市场中起调配作用（见表3－2）。从另一角度可以解释为有将近40%的农村移民在选择外出打工时，并没有很明确的工作目标，往往是来到城市后，才开始寻找工作。这也验证了在所有群体的工作搜寻时间中，通过市场搜寻渠道找到工作往往要比其他渠道高出3～4天的结果。

表3－2　　外出务工人员工作搜寻渠道统计

	政府渠道[a]	市场搜寻[b]	社会网络		
			家人	亲戚、熟人	一般朋友
搜寻时间（天）	15.0	18.2	14.6	14.4	17.1
样本数	56	1517	173	1999	123
比重（%）	1.45	39.22	4.47	51.68	3.18

注：a. 根据RUMIC调查问卷政府渠道可以分为：政府安排、政府直接以及社区就业服务站。

b. 市场搜寻包括：商业职介、个人申请、雇主招聘等。

数据来源：RUMIC（2008）。

研究还发现，仅有1.45%的外出务工人员会通过政府选择就业。在北京、安徽、河南等人口众多地区，经常可以看见民工自发组织的临时劳务市场，而对于政府建立的正规就业中心却不太感兴趣。外出务工人员不情愿通过政府正规渠道找工作主要原因是：首先，政府提供适合农民工的工作很少，而且对于没有当地城市户口的打工人员，往往被拒绝在工作机会之外；其次，通过政府信息往往需要复杂的程序，会等待更长的时间，外来务工人员的搜寻成本很大，吃饭和居住都需要很大开销，所以对于他们来说无论哪种方式能帮助尽快找到工作才是工作渠道首选。

在工作搜寻时间上，当地流动人口要比外来迁移的群体更快地找到工作，平均搜寻时间为9.2天，而外地流动人口要用平均11.8天才能找到工作。这可能与当地和外地居民享有的社会网络资源不同有关。迁出距离越近，则社会网络的资源越多（Zhang and Zhao，2011）。根据调查问卷中“拥有当地市（县）农村户口还是外地农村户口”可以将流动人口区分为从外地迁入的流动人口和在当地从事非农业生产的流动群体。

这样分析有两个好处：一是两个对比群体都经历过做是否迁移的决策，然后进入城市搜寻工作，较之城市当地居民更具有可比性。二是关于迁移的研究中，有些学者对移民从事当地非农产业和外出务工的影响因素不同（Zhao，1999），教育水平最高和最低的都不倾向于跨省迁移，而是选择在当地从事非农就业。所以本章在研究流动人口的工作搜寻行为时，将两个群体进行对比，以研究哪些个体特征、家庭特征对工作搜寻行为显著不同的影响，如表 3 – 3 所示。

表 3 – 3　　省内和省外务工人员工作搜寻变量对比统计

变量	外地务工人员		当地务工人员	
	均值	标准差	均值	标准差
工作搜寻时间（天）	11.80	26.07	9.24	17.29
年龄	29.85	9.98	29.75	10.29
年龄平方	990.77	692.98	990.51	708.30
性别	0.61	0.49	0.57	0.50
婚姻	0.53	0.50	0.53	0.50
受教育水平	9.76	4.43	9.56	4.23
是否有外出经验	0.44	0.50	0.46	0.50
是否有过非农培训	0.29	0.46	0.24	0.43
如在老家可能挣到的收入	819.58	316.78	642.80	260.49
第一份工作持续的时间	3.86	4.44	4.20	5.01
职业	4.21	0.76	4.21	0.66
合同性质	1.80	0.92	2.04	0.94
家庭规模	1.68	0.93	1.80	1.09
家庭人均收入	1399.78	838.96	1167.69	1228.32
搜寻工作渠道	2.60	0.53	2.67	0.51

数据来源：RUMIC2008 年整理。

个体特征方面，当地流动人口有更多的男性进城务工，而年龄方面两个群体没有很大的区别。外地务工人员的平均教育水平为9.76年，要稍高于当地移民的9.56年。由于样本在我国15个城市随机选择，可以认为样本偏差导致的教育水平误差影响很小。以农村地区初中毕业的教育年限为9年来划分，说明流动人口受教育程度越高，越喜欢选择跨地区外出务工的倾向。

对于最低可接受工资，在问卷中有“若没有外出，在老家平均每月可挣到的收入”可以作为流动人口在城市工作搜寻行为的保留工资作为参考。可以推测对于外地流动人口，不仅搜寻成本，如交通成本和搜寻期间的生活成本要比当地居民高，一旦选择离开农村外出务工，所承担的机会成本也要远远高于当地流动人口。而这些因素可能会导致两个群体产生不同的工作搜寻行为。

家庭特征方面，外地移民家庭收入要高于当地移民。家庭规模对于两个群体没有很大的区别。而在收入方面，外地移民家庭人均月收入达到近1400元，远高于当地居民的1168元。这说明外地移民在经济承担能力上要高于当地移民。对于来自相同地区的劳动力，来自家庭条件较好的个体，可能会更有能力来承担外出迁移的风险。这在一定程度上可以解释当地移民有更强的动机尽快找到工作，而外地移民要相对谨慎。

4. 社会网络对外出务工人员就业的影响。

以外出务工人员工作搜寻的风险累积概率为因变量，社会网络的三个衡量指标为自变量，控制变量为个体特征变量（如年龄、性别、教育水平、培训经验、外出时间）、家庭特征变量（家庭规模、家庭收入）、迁入地的变量（经济增长率和第三产业所占比重）。基于Weibull分布对工作搜寻持续时间模型进行实证估计，通过最大似然估计得出似然值为-6306.8561，卡方值为156.94，计量模型结果显著（见表3-4）。实证结果得出，当控制上述因素不变时，相比市场和政府渠道，利用社会渠道能显著地提高在短时间内找到工作的可能性，如表3-4所示。社会网络对工作搜寻起作用的影响机制可归纳为：一是降低了寻找工作的预期成本和风险，主要通过交流路线信息降低交通成本以及不必要的风险。当迁入地有熟悉的老乡照顾时，还会减弱因语言问题产生的同化冲击。二是社会网络还可以帮助行为者降低生活成本，并可能得到当地熟人的货币支持提高预期收益。三是当个体面临工作变动时，社会网络可为个体提供迁移到其他地方的相关信息，通过与有迁移经验个体的交流，会帮助外出打工群体在找工作时做出最有效的就业选择（Curran，2002）。

表 3-4　工作搜寻持续时间模型估计结果：基于 Weibull 分布

	风险比	标准差
个人特征		
女性	1.007	(0.036)
年龄	0.974*	(0.012)
年龄平方	1.000	(0.000)
婚姻	1.085	(0.054)
小学	0.355***	(0.173)
初中	0.476**	(0.167)
高中	0.478**	(0.170)
中专	0.511**	(0.188)
大专及以上	0.291**	(0.274)
是否当地户口	0.910	(0.048)
是否有非农培训经历	0.989	(0.040)
外出打工经历	0.987**	(0.005)
外出打工的城市数	0.994*	(0.003)
老家挣得月工资	1.000	(0.000)
制造业	0.993	(0.071)
金融业	1.034	(0.100)
建筑业	1.244**	(0.080)
贸易业	1.080	(0.076)
服务业	1.100	(0.068)
短期工	1.004	(0.055)
非合同工	1.123**	(0.039)
老家人均耕地	0.991	(0.009)

续表

	风险比	标准差
家庭人均收入	1.044	(0.046)
家庭规模	0.931**	(0.023)
迁入城市第三产业所占比重	0.987***	(0.003)
搜寻工作的社会渠道	1.021**	(0.015)
迁入城市的经济增长率	0.998	(0.018)
中部	0.767***	(0.055)
东部	0.793***	(0.055)
常数	0.747***	(0.012)
LR chi2 (29)	156.94	
似然值	−6306.86	
样本数	3243	

注：显著水平：* $p<0.05$，** $p<0.01$，*** $p<0.001$ 性别中，基本组为女性；婚姻中基本组为未婚；教育水平基本组为未上学；工作搜寻渠道基本组为政府或市场中介；合同形式基本组为长期合同；行业中基本组为公共管理业；地区中基本组为西部。

为了分析社会网络是如何对工作搜寻行为产生影响的，本章在分析工作搜寻渠道后，从社会网络的三个维度又做了进一步实证研究，如表3－5所示。

表3－5　　社会网络对流动人口工作搜寻时间的影响估计

	风险比	标准差
性别（男性=1）	0.972	(0.039)
年龄	0.957**	(0.014)
年龄平方	1.0006**	(0.0001)
婚姻（已婚）	1.027	(0.059)
教育水平	1.004	(0.004)
是否有非农培训经历	1.039	(0.041)
外出打工经历	1.035**	(0.013)

续表

	风险比	标准差
家庭人均收入	0.799***	(0.041)
家庭规模	0.733***	(0.025)
中部	0.690***	(0.055)
东部	0.774***	(0.062)
家中排行数	1.0004*	(0.0002)
社会网络规模	1.00008	(0.0003)
社会网络质量	0.999	(0.0003)
社会网络结构	1.136***	(0.040)
迁入城市第三产业所占比重	0.995	(0.003)
迁入城市的地区生产总值	0.987	(0.017)
常数	0.692***	(0.013)
LR chi2 (29)	123.48	
似然值	-5326.24	
样本数	3243	

数据来源：RUMIC2008年整理；***、**、*分别表示在1%、5%和10%的水平下显著。

从实证分析上看，在社会网络的三个衡量指标中，社会网络的规模和社会网络的质量，并没有像一些学者研究的会对工作搜寻持续时间产生显著影响。一方面可能与测量误差有关（Zhang and Zhao，2011），他们认为在用春节拜年法测量联系总人数时，因为其是主观测量会存在高估或低估的情况。在调查问卷中还有社会资本实际使用情况的变量“过去一年中对自己有过帮助（经济方面如找工作、借钱等，心理方面如诉苦等）的人数”，有一半以上的人使用社会资本的程度在10%以上。另一方面可能社会网络规模本身确实对工作搜寻的解释度不高。边燕杰（2001）在解释效度方面，社会网络规模解释度最差。而网络结构（联系人中的职业跨度）有很强的解释力。从实证结果可以看出，社会网络的结构，即与工作搜寻者从事相同职业的联系人数占总联系人数的比重，对工作搜寻找到工作的概率有显著的正影响。当比重每提高 1% 时，个体找到工作的概率就会提高 13.6%。这说明社会网络在劳动力市场信息，特别是工作信息方面起着重要的传递作用。但另一指标城市生活的联系人总数对工作搜寻却没有显著影响。

5. 社会网络视角下当地务工人员和省外务工人员工作搜寻行为对比分析。

在工作特征方面，外地移民比当地移民的工作更稳定。两个群体在选择职业和就业单位的取向相似，但工作的合同形式却有很大区别。如果按合同期限长短划分工作的稳定性，即长期合同工作为稳定工作，而短期合同和无合同工作为不稳定工作（宁光杰，2012），外地移民有一半以上从事稳定工作，如表 3-6 所示。

表 3-6　　省内和省外务工人员就业的影响因素分析

变量	外地务工人员		本地务工人员	
	系数	标准差	系数	标准差
女性	0.967	(0.041)	1.145	(0.086)
年龄	0.986	(0.014)	0.916**	(0.031)
年龄平方	1.000	(0.000)	1.001**	(0.000)
婚姻	1.026	(0.059)	1.484***	(0.139)
小学	1.263***	(0.182)	0.988	(0.608)
初中	1.336***	(0.177)	1.339	(0.596)
高中	1.349***	(0.180)	1.308	(0.598)
中专	1.433**	(0.200)	1.328	(0.632)
大专及以上	1.163**	(0.285)	1.700	(1.172)
是否有非农培训经验	1.0220	(0.044)	0.704**	(0.100)
外出打工经历	0.992	(0.005)	0.972*	(0.011)
外出打工的城市数	0.995	(0.003)	0.989	(0.008)
迁出地月工资	0.999	(0.000)	1.000	(0.000)
制造业	1.074	(0.079)	0.862	(0.180)
金融业	1.062	(0.111)	1.066	(0.240)

续表

变量	外地务工人员		本地务工人员	
	系数	标准差	系数	标准差
建筑业	1.280**	(0.090)	1.145	(0.192)
贸易业	1.105	(0.085)	1.029	(0.177)
服务业	1.159*	(0.075)	1.006	(0.170)
短期工	0.938	(0.061)	1.331*	(0.133)
非合同工	1.104*	(0.044)	1.198*	(0.091)
家庭人均收入	1.029	(0.052)	0.906	(0.107)
家庭规模	0.940*	(0.027)	0.873**	(0.049)
迁入城市第三产业所占比重	0.974***	(0.004)	1.000	(0.006)
迁入城市的经济增长率	0.955*	(0.020)	0.957	(0.062)
搜寻工作渠道	1.012**	(0.053)	1.124***	(0.030)
中部	0.592***	(0.069)	0.813	(0.113)
东部	0.731***	(0.064)	0.489***	(0.146)
常数	1.124	(0.650)	1.348	(1.442)
似然值	-5101.46		-1163.04	
样本数	2929		679	
LR chi2 (28)	145.65		85.96	

数据来源：RUMIC2008 年整理；***、**、* 分别表示在 1%、5% 和 10% 的水平下显著。

从实证结果可以看出，教育水平对外出务工人员的工作搜寻行为有显著影响，随着教育水平的提高，人们在短时间内成功找到工作的概率变低。而教育对当地流动人口的工作搜寻行为却没有多大影响。这也许与受教育年限最高和最低的农村人员最不倾向于外出迁移，而选择当地非农就业（Zhao，1999）有关。Shi（2006）也从人力资本的角度验证了流入城镇的劳动力教育水平要高于放低劳动者的教育水平。

非农教育培训降低了当地居民搜寻工作的可能性。虽然获得过工作培训的人要比没有获过培训的人找到工作的可能性降低29.6%，工作培训可能会提高受训群体的工作搜寻成本和预期收益，在劳动力市场上只有延长搜寻时间，更充分了解市场信息才能获得工资更高、工作条件更好的工作。而非农培训对外地流动人口找工作没有很大的影响。这可能与非农培训的地点和内容有关。

在工作特征方面，外地农村移民找到建筑业工作要比成功找到正规行政单位的概率提高28%，而不同职业在当地居民找工作概率上没有很大区别。这说明控制其他人力资本特征，相对于当地流动人口，外地流动人口在城市就业时还存在着更严重的就业壁垒。

家庭特征如家庭人均收入、家庭人均耕地虽然会对是否外出务工选择产生影响，但对于已经外出来到城市劳动力市场上的务工群体，这些因素对两个群体找工作时的态度和结果没有很明显的影响。

工作搜寻渠道。社会网络对省内和外地务工人员提高就业有显著的影响。相比政府和市场渠道，社会网络渠道能够帮助当地和外地务工人员找到工作的可能性要分别提高12.4%和1.2%。这也印证了Zhang和Zhao（2011）得出的社会网络的大小与迁移的距离成正比。调查问卷统计，当地流动人口社会网络质量，即在城市的联系人要多于外地农村移民。当流动人口迁入省外时，原来的社会网络规模也会发生变化。由于本书只采用了单年份数据，只是观测到社会网络规模的具体状态，而没有考虑社会网络规模的变化，这一研究将在今后做进一步的研究。

当前，随着中国劳动力供求结构失衡以及人口老龄化时代危机等问题日益凸显，我国经济新常态面临着如何由“人口红利”窗口期向“人才红利”机遇期进行过渡和转化。经济结构的调整使从事低技能工作的农民工群体首当其冲，其“就业难”问题很容易被企业“招工难”现象所掩盖。外来流动人口作为城镇劳动力市场的重要劳动群体，由于其独特的双重身份，就业目标主要集中在城镇非正规部门，市场很难发挥有效的资源配置功能。社会网络作为劳动力市场机制的补充，在经济发展中的作用越来越受到经济学家的重视（张爽等，2007）。目前我国市场机制还有待进一步健全，社会网络在传递信息方面能有效弥补市场的资源配置缺陷（Bowles and Ginits，2002）。

在其他人力资本因素和外部经济环境保持不变的情况下，社会网络确实对外来务工人员的工作搜寻行为产生显著的影响。实证结果显示，在社会网络的三个衡量指标中，社会网络的规模和社会网络的质量，并没有像一些学者研究的会对工作搜寻持续时间产生显著影响。而社会网络的结构，即与工作搜寻者从事相同职业的联系人数占总联系人数的比重，对工作搜寻找到工作的概率有显著的正影响。当比重每提高1%时，个体找到工作的概率就会提高13.6%。这说明社会网络在劳动力市场信息，特别是工作信息方面起着重要的传递作用。但另一指标城市生活的联系人总数对工作搜寻却没有显著影响。

在经济“新常态”和新型城镇化的宏观背景下，进城务工人员对整个经济和社会的发展仍然发挥着重要的推动作用。由于中国人情社会的特殊性，社会网络关系纽带对配置劳动力起着最关键的作用。目前我国流动人口还主要就业于城市的非正规部门，流动人口很强的就业传递效应使其专业技能和享受的社会保障待遇还有待进一步完善。我国处于产业结构调整的转型期，政府应积极结合市场的调控作用，进一步完善农民工就业信息公共平台的建立，加强专业技能的培训投入，使农民工提高人力资本的同时，就业渠道更加宽泛，积极引导这部分群体顺利、合理就业，从而解决好我国出现的“民工荒”和“民工慌”的结构性失业现象。

第三节

新冠肺炎疫情对流动人口就业市场的冲击及应对措施

2020年初，一场波及全球的新冠肺炎疫情地蔓延，使国内劳动力市场面临着前所未有的严峻挑战。2020年7月31日，国务院办公厅发布《关于支持多渠道灵活就业的意见》，以应对疫情对就业市场带来的冲击。根据国家统计局公布的数据显示，7月全国城镇调查失业率为5.7%，其中25~59岁人口调查失业率为5.0%，下降0.2个百分点；但青年人口调查失业率有所上升。1~7月全国城镇新增就业671万人，与上年同期相比少增196万人。

这说明，尽管国内疫情得到有效控制，经济运行呈现复苏加快、回升向好态势，但随着新冠肺炎疫情在全球范围的蔓延，疫情对中国就业市场的冲击周期还将会进一步拉长。长三角地区作为吸纳劳动力的重要阵地，疫情对该区域的就业冲击也十分明显。就业是民生之本，社会之基，如何在疫情全球化和长期化局势下，提前做好预防失业应对措施，对稳定地区经济社会的健康发展至关重要。

（一）新冠肺炎疫情对就业市场的冲击——以长三角为例

短期内劳动力市场需求减少，周期性失业明显。经济发展对就业率的影响最为直接。根据经典的奥肯定律，地区 GDP 每下降 2%，失业率会提高约 1%，反之亦然。从国家统计局公布的 2020 年上半年经济数据来看[①]，新冠肺炎疫情对长三角地区经济运行仍存在一定的冲击。以上海为例，1～6 月地区生产总值为 17356.80 亿元，比上年同期下降 2.6%。江苏省、浙江省和安徽省上半年经济回暖势头明显，三省均实现了正增长，增长幅度分别为 0.9%、0.5% 和 0.7%，但相比上年同期，仍有很大的发展空间。就业水平取决于生产总值，经济发展的放缓直接反映在劳动力市场需求的相应减少。从第二季度亏损企业总数等统计数据来看（详见表 3－7），因外部冲击造成的经济疲软，长三角地区各地区的平均用工人数均有大幅下降。其中，上海的就业市场受疫情冲击最为显著，第二季度用工人数下降幅度均明显高于长三角其他地区，而且随着经济回暖，上海的平均用工人数需求并没有出现明显的回升。此外，第二季度长三角各省份的企业利润总额虽有所改善，但 4～6 月仍处于负增长。综合宏观经济指标，无论是现有的用工需求，还是未来的企业投资需求，长三角各地区均处于就业需求不足状态。这需要地方政府继续采取积极的劳动力市场政策，扩大经济总需求，以应对周期性失业的严峻挑战。

① 数据来源：国家统计局官网（各省分月）https://data.stats.gov.cn/easyquery.htm? cn = A01.

表 3-7　　2020 年上半年长三角地区主要经济指标

省份	亏损企业总数			亏损企业同期增加（%）			利润总额累计增长（%）			平均用工人数累计增长（%）		
	4月	5月	6月	4月	5月	6月	4月	5月	6月	4月	5月	6月
上海	3610	3230	3064	27.8	22.0	18.7	-48.8	-30.2	-18.2	-7.8	-6.8	-6.9
江苏	15063	13467	13051	29.6	25.9	24.7	-23.7	-13.7	-5.0	-4.6	-4.3	-3.9
浙江	15173	13588	13363	42.7	42.4	44.7	-20.7	-11.0	-5.3	-3.6	-3.2	-2.8
安徽	3534	3198	3132	28.4	22.5	19.3	-20.8	-13.8	-7.2	-2.1	-2.3	-1.9

就业市场面临摩擦性失业和结构性失业的双重压力。一方面，为了有效控制疫情反复，全国各城市实行人员流动合理引导与管制，劳动力跨区域供给和需求信息之间不能及时匹配，导致摩擦性失业在短期内存在；另一方面，疫情对经济的冲击会直接反映在产业就业结构上。各地区产业结构不同，对劳动力就业吸纳能力亦存在差异。疫情通过影响地区产业结构变化，对劳动力市场中的结构性失业产生影响。由于中国流动人口规模庞大，就业稳定性低，受疫情影响最为直接，因此笔者重点对长三角城市群 27 个核心城市流动人口群体的就业产业分布特征进行了归纳分析（详见表 3-8）。

表 3-8　　2020 年 1~6 月长三角地区产业结构与就业结构分布

省份	第一产业			第二产业			第三产业			总产值	
	产业比重	增幅（%）	就业比重	产业比重	增幅（%）	就业比重	产业比重	增幅（%）	就业比重	地区生产总值（亿元）	增幅（%）
上海	0.19	-16.9	1.64	24.53	-8.2	47.72	75.28	-0.6	50.64	17356.80	-2.6
江苏	3.11	0.1	1.55	43.08	-0.2	53.15	53.81	1.8	45.3	46722.92	0.9
浙江	3.14	1.3	0.51	39.95	-2	59.37	56.91	2.5	40.07	29086.63	0.5
安徽	6.57	1.2	0.77	40.60	0.8	34.68	52.83	0.4	64.54	17551.13	0.7

数据来源：根据国家卫计委公布的全国流动人口动态监测数据和省统计局官网数据整理。

根据国家卫计委全国流动人口动态监测数据（CMDS）最新公布的

2017年度数据，江苏省和浙江省第二产业对流动人口的就业吸纳能力最强。江苏省在制造业方面具有传统优势，使第二产业成为吸纳流动人口最主要的产业。浙江省由于发达的民营经济，在电子高新产业、服装饰品轻工业等方面为流动人口创造了更多的劳动岗位。而上海市和安徽省流动人口就业比重最高的为第三产业，其中安徽省第三产业就业比重尤为突出，达到64.54%。安徽省近年来产业结构高度化优势明显，第三产业市场主体规模不断扩大，成为吸纳就业人员的主要力量。此次疫情对长三角各地区第二产业和第三产业的就业市场均产生显著的冲击，其中上海市第二产业的劳动力就业压力尤为严峻。以上海为例，1~6月第二产业增加值下降幅度尤其明显，约为8.2%。而从事第二产业的流动人口比重高达47.72%，这意味着流动人口中将有相当比重的就业群体受到疫情的直接冲击。而对于江苏省和浙江省，疫情对第二产业的综合影响较小，两省份第二产业增加值降幅分别为0.2%和2%。

此外，疫情对就业的影响还存在行业差异。根据上海市统计局公布的2020年上半年经济运行数据[①]，就业受疫情影响比较严重的行业包括：住宿和餐饮业（比上年同期增长-31.3%），其次是交通运输、仓储和邮政业（-14%），租赁和商务服务业（-11.6%），批发和零售业（-9.4%），制造业（-8.4%）等，而这些行业都是外来流动人口就业比重较高的领域（详见表3-9）。结合各行业经济增长率和流动人口行业就业比重进行估算得出[②]，制造业、住宿和餐饮业的就业人数受疫情冲击最为严重，两大行业在吸纳流动人口就业总量上分别减少约20.61万人和20.03万人；其次为批发零售业，约11.80万流动人口的就业受到直接冲击；受疫情冲击比较明显的行业还有交通运输业、建筑业等行业。

除这些受冲击行业外，以信息传输、软件和信息技术服务业为代表的行业，在疫情期反而被催生出更多线上经济的就业需求，如上海2020年上半年该行业同期增长比例约为13.5%。随着国内复工复产的有序推

① 数据来源：上海统计局官网 http://tjj.sh.gov.cn/ydsj2/20200724/1ddc024423054601b528b33d1778b38f.html.

② 流动人口就业总量根据2019年上海外来常驻人口977.71万人和该年度登记失业率为4.3%计算得出。其中外来常驻人口数据参考2019年上海市国民经济和社会发展统计公报 http://tjj.sh.gov.cn/tjgb/20200329/05f0f4abb2d448a69e4517f6a6448819.html.

进，国内制造业产能和生活服务业逐渐恢复，结构性失业将会逐渐缓解。与此同时，制造业出口及相关产业链条也吸纳了大量流动人口就业。全球疫情蔓延和疫情的常态化，使很多长三角外贸制造业企业直接受到海外市场需求萎缩的影响。由于流动人口群体总量规模大、流动范围广泛，如何有效引导该群体合理就业，直接关系到长三角各城市的健康稳定和有序发展。

表3-9　长三角地区流动人口各行业的就业比重分布情况

地区	主要行业分布	就业比重
上海	1. 批发零售业	13.42%
	2. 其他制造业	9.27%
	3. 居民服务、修理和其他服务业	8.15%
	4. 建筑业	7.89%
	5. 住宿餐饮业	6.84%
	6. 交通运输、仓储和邮政业	5.53%
	7. 计算机及通信电子设备制造业	5.31%
	8. 电器机械及制造业	5.2%
	9. 纺织服装业	4.19%
	10. 交通运输设备制造业	3.39%
江苏	1. 批发零售	13.83%
	2. 其他制造业	12.88%
	3. 住宿餐饮业	9.97%
	4. 建筑业	8.66%
	5. 居民服务、修理和其他服务业	8.42%
	6. 纺织服装业	8.4%
	7. 计算机及通信电子设备制造业	5.77%
	8. 电器机械及制造业	4.67%
	9. 交通运输、仓储和邮政业	3.69%
	10. 食品加工业	2.96%

续表

地区	主要行业分布	就业比重
浙江	1. 其他制造业	19.73%
	2. 纺织服装	14.13%
	3. 批发零售	13.02%
	4. 住宿餐饮	10.63%
	5. 建筑	7.08%
	6. 居民服务、修理和其他服务业	7%
	7. 电器机械及制造	5.49%
	8. 交通运输、仓储和邮政	2.99%
	9. 木材家具	2.26%
	10. 专业设备制造	2.05%
安徽	1. 批发零售业	20.87%
	2. 住宿餐饮业	12.61%
	3. 居民服务、修理和其他服务业	10.32%
	4. 建筑业	9.04%
	5. 房地产行业	5.01%
	6. 交通运输、仓储和邮政业	4.64%
	7. 其他制造业	4.3%
	8. 电器机械及制造业	3.9%
	9. 交通运输设备制造业	2.92%
	10. 纺织服装业	2.66%

数据来源：根据国家卫计委公布的全国流动人口动态监测数据（2017）整理。

（二）促进长三角地区稳定就业的对策建议

针对疫情对就业市场的冲击，未来长三角地区在稳就业方面可采取以下措施：

一是积极搭建长三角地区就业信息动态反馈机制，减少摩擦性失业问题。解决就业问题需要发挥就业信息渠道的主体作用，长三角各省市可以统筹建立劳动力市场就业信息收集处理和反馈跟踪机制，以全面了解掌握长三角地区流动人口的就业状态，确保为其提供精准就业服务。当地政府可以充分利用“微信公众号”等新媒体方式，完善就业信息网，为长三角地区流动人口搭建好就业公布信息平台；同时要不断优化线上就业指导服务，对就业困难群体提供有针对性的就业咨询服务。随着长三角各省份疫情防控措施的统筹实施，疏通用人单位和劳动个体之间就业信息沟通渠道，会不断减少摩擦性失业，从而提高劳动力的就业率。

二是加强流动人口职业技能培训，提高劳动者的就业能力。稳就业，要辩证看待此次疫情对劳动力市场的冲击。虽然我国短期内面临劳动力市场需求减少的就业压力，但疫情期间，以互联网经济、云服务新业态的发展，给就业市场带来了新的机遇。当然，新用工模式对劳动者岗位技能的要求也在发生变化，江苏、浙江等地可以以此次疫情为契机，加大流动人口在职培训和技能培训力度，加快提升劳动者技能素养，以全面促进产业就业结构高度化和合理化。以杭州为例，流入地政府可以针对有当地特色电商产业的需求，鼓励流动人口参与线上职业技能培训，如开发“宅经济”岗位、开展对流动人口的电子商务培训和在线服务专业化线上培训。通过有序引导流动人口由线下生产端适当转移到线上物流配送端，以应对疫情后期的替代性就业需求，缓解结构性失业问题。

三是积极探讨加强就业困难群体的托底保障体系。长三角作为吸纳流动人口的主要区域，对因疫情返贫致贫的失业群体要及时采取帮扶措施。各省份可以考虑运用失业保险基金向失业的农民工发放失业补助金，以帮助贫困劳动力尽快返岗就业。此外，针对疫情期间不少中小微企业采用的“共享用工”新用工模式的探索，长三角各地要高度重视由此带来的相关劳动争议问题，如劳务关系的认定、工伤医疗事故的处理等。这需要政府及时出台针对新用工模式的相关劳动保障制度法规，确保劳动者权益，提高就业困难群体的抗风险能力。

第四章

流动人口的城市自我雇佣行为

就业是实现劳动要素最优配置的重要渠道，其形式划分为工资雇佣、自我雇佣和失业三种。其中，自我雇佣又可细分为雇主（雇佣一个或更多的雇员）和个体经营者两类。近年来，随着就业市场的多元化和大众创业万众创新理念的推动，外出务工人员创业尤其是返乡创业成为社会各界关注度的热点。创业行为从劳动经济学视角，实际上是自我雇佣概念的市场表现形式。数据显示，自我雇佣已成为我国城市外来务工人员不可忽视的就业形式。解垩（2012）根据中国营养与健康调查数据得出，1989～2009年，我国外出务工人员中自我雇佣者占到总就业人数的10%以上。这说明在城市外来务工人员中，自我雇佣在劳动力市场的就业形式中扮演着重要角色。

然而中国进城务工人员自我雇佣与自主创业还存在显著区别。虽然务工人员自我雇佣比工资就业具有较高的收入报酬优势，但这只是表面现象。由于城乡户籍制度和社会保障制度的分割，外来务工者的劳动力市场双重分割仍然存在，受正规部门长期固定工作岗位的排斥，自我雇佣的人力资本回报率要低于工资就业（黄志玲，2014）。自我雇佣只能在比较优势基础上选择，并不是最优选择（曹永福等，2013）。此外，这些研究都忽视了一个重要的因素，即，除人力资本投资外，自我雇佣还要进行金融资本投资。金融资本的投资收益使自我雇佣和工资雇佣的收入结构呈现明显区别。我们看到的收入报酬往往包括自我雇佣的金融资本收益，但工资雇佣却不存在这部分收益。若忽视自我雇佣收入中的金融资本收益，会使自我雇佣的人力资本报酬被高估。因此，如何将金融投资收益部分分离，使净收入真正反映自我雇佣行为的劳动报酬成为本章试图重点解决的问题。

第一节

影响自我雇佣行为的因素分析

基于已有文献，劳动者选择自我雇佣的机制可以依据企业家效应、劳动自由度和失业推动论这些理论进行解释。根据劳动者自由雇佣行为的选择动机，可将自我雇佣归纳为两种：一种是主动选择，劳动者出于对自由工作的偏好，想成为自己的老板，以及自我雇佣所带来的预期高收入增长率等动机主动选择自我雇佣的就业形式；另一种是被动选择，即在城市找不到合适工作的外来务工人员，会被动选择自我雇佣的就业形式。中国外出务工人员在城市劳动力市场中的职业往往比较单一，岗位主要分布在第三产业中的服务制造业、建筑业以及批发零售餐饮业，从事正规工资工作的比例较低，这使部分务工人员被动选择自我雇佣的就业形式。王美艳（2005）将这种被动选择归结于城镇劳动力市场对外来务工人员存在的歧视。歧视的存在使务工人员在从事正规工资工作的部门受到阻碍，从而使这部分群体选择从事不稳定的自我雇佣工作。黄志玲（2012）通过比较城镇居民和外来务工人员的自我雇佣率，得出农民工要比城镇当地劳动力自我雇佣的比例高出 51.7%。而两者的差异有近 59% 的差异来自劳动力市场的户籍歧视等不可解释部分。曲兆鹏和郭四维（2017）认为，虽然农村居民比城市居民的创业概率高，但农村居民的自我雇佣更可能是一种“被动”选择而不是“主动”创业。从企业家特征分析，制度性的歧视因素使农村居民的自我雇佣行为处于显著劣势。

目前研究普遍认为，城市外来务工群体中的自雇者选择自我雇佣是为了追寻更高的金钱价值收益，而非劳动自由度收益。刘云平等（2013）利用 2005 年中国老年人健康长寿影响因素调查（CHARLS）数据得出，外来务工群体从事自我雇佣工作比工资性就业能获得更高的收入，这是外来务工人员选择自我雇佣的一个重要影响因素。宁光杰（2012）也将高收入作为自我雇佣者的选择动机，认为自我雇佣者要比工资获得者的小时工资高出13.9%。关于收入对自我雇佣选择的影响研究中，大多从性别、教育水平、培训、社会资本等角度等方面来分析作用机制。例如，刘云平等（2013）认为男性女性在自我雇佣选择存在差异，这种差异体现在男性比女性对收入差距更敏感。该收入差距的对数每增加1%时，则选择自我雇佣的概率就会提高128.3%。Lofstrom（2009）利用US Census Bureau's Survey of Income and Program Participation（SIPP）美国家庭中18~64岁的低技能个体进行研究，得出男性自我雇佣的方式会比女性自我雇佣获得更多的回报，但是对女性来说，工资性工作却是收益最好的选择。从长期趋势看，与工资工作者相比，女性自我雇佣的表现比男性要差，导致女性自我雇佣的收入增长率要低于男性。

虽然对于自我雇佣选择背后的影响因素，学者普遍认为自我雇佣与工资雇佣之间确实存在显著的收入差异。但自我雇佣与工资雇佣的收入差距还需要排除样本选择偏差问题（宁光杰，2012；曹永福等，2013）。通过选择性偏差的控制，自我雇佣只是务工人员在城市劳动力市场就业机会受限后的次优选择。此外，Hurst和Lusardi（2004）认为自我雇佣和工资雇佣两个不同就业群体的收入结构存在差异，自我雇佣的收入不仅包括人力资本的回报，还应包括金融资本的投资收益，而这一部分在工资性工作中却没有包括在内。严格意义上讲，中国外出务工人员的自我经营还需要考虑雇主的投资收益，若忽略这部分，将会降低自我雇佣的收益率，从而会使自我雇佣形式的收入效应被高估。目前研究采用的净收入法，一种方法是将工资工作群体的金融投资资产收益包括在内，另一种方法是从自我雇佣收入中减去相应的金融资产收益，但国内研究中国城市外来务工群体的文章，几乎没有将自我雇佣形式作为雇主投资收益的一种进行分析，使得出的结果有所偏高。基于数据的可获得性，本章试图运用Hurst和Lusardi提出的自我雇佣净收入法，将自我雇佣收入中的金融资产收益（可以看作自我雇佣者拥有资金的机会成本），减去投入资产的5%（代表相对风险年投资收益率）作为自我雇佣形式的净收益进行实证分析。

本章利用2008年中国城乡劳动力流动的调查数据来分析进城务工人

员自我雇佣行为的特征及劳动报酬。具体安排如下：第一部分为引言；第二部分对自我雇佣行为的原因及与收入的关系进行了文献回顾；第三部分对本章采用的数据、变量和模型进行介绍和界定；第四部分对进城务工群体的自我雇佣行为的动机、投资要素等进行描述性统计，然而基于净收入法对自我雇佣的收入优势进行实证分析；第五部分为结论和相关政策建议。

第二节 数据分析与模型建立

（一）数据来源及描述

本章研究采用的数据主要来源于2008年中国城乡劳动力流动（Rural - Urban Migration in China，RUMIC）外来务工人员调查问卷。RUMIC基于工作地点（迁入地）进行调查，涉及的信息变量包括自我雇佣群体的人口学特征、人力资本特征、家庭特征、投资要素特征等，为本章的研究提供了充分的数据信息。据统计，2008年共有5000个外来务工家庭参与了问卷调查。通过筛选，共获得个体样本4876个，其中自我雇佣个体样本为1540个，从事工资雇佣的个体样本为3336个。

该调查数据主要涉及中国9个省份中的15个城市，分别是广州、东莞、深圳、上海、南京、无锡、杭州、宁波、郑州、洛阳、合肥、蚌埠、重庆、武汉和成都。由于我国工资报酬在地域间存在明显差异，根据地理位置，本章将广州、东莞、深圳、上海、南京、无锡、杭州、宁波等8个城市划分为东部地区；将郑州、洛阳、合肥、蚌埠和武汉等5个城市划分为中部地区；将重庆和成都划分为西部地区来进行跨区域研究。

（二）变量界定

自我雇佣群体和工资雇佣群体在年龄、婚姻、教育水平等个人基本特征方面存在明显差异，年龄越大、教育水平在初中及以下的已婚群体更倾向于自我雇佣（见表4－1）。具体到年龄特征，进城务工人员往往会在年轻时先找工作接受社会历练，家庭生活稳定后再考虑选择自我雇佣。婚姻状况方面，有将近九成的自我雇佣群体是已婚状态，而工资雇佣群体的婚姻状态已婚和未婚各占一半；从不同教育阶段的样本分布来看，约八成的自我雇佣群体处于初中及以下的教育水平，而工作雇佣群体高中以上的样本大约占一半。可能的解释是：对于初中及以下的群体，在城市劳动力市场中寻找到报酬较高的工作岗位比较困难，促使他们更倾向于自谋营生。此外，自我雇佣群体不仅教育水平偏低，而且接受过非农教育培训的比例也远远低于工资雇佣群体。

表4－1　城市外来务工人员自我雇佣和工资雇佣变量统计

	自我雇佣（均值/%）	工资雇佣（均值/%）
年龄（岁）	35.44	30.00
性别（男性＝1）	61.17	60.85
婚姻（已婚＝1）	88.04	53.90
教育水平		
小学及以下（%）	21.42	9.75
初中（%）	59.31	46.14
高中（%）	17.32	40.97
大学及以上（%）	1.95	3.14
非农培训（参加＝1）	13.12	27.57
月收入（元）	2199.03	1395.35
每周工作时间（小时）	78.43	58.52
样本（人）	1540	3336

城市外来务工人员选择自我雇佣的一个重要原因可能是期望获得更好的收入。那么，相比工资性工作，自我雇佣是否能为城市外来务工人员带

来高收入呢？从收入报酬来看，自我雇佣群体比工资雇佣群体月均名义收入要高出56.7%，这说明选择自我雇佣确实要比工资雇佣获得更高的收入。但是从工作时间来看，自我雇佣者和工资雇佣者的工作时间却存在显著差别。工资雇佣者的平均周工作时间约为59个小时，而自我雇佣者相同条件下的工作时间高达78个小时，从事自我雇佣工作的群体平均每周工作时间要多工作约20个小时。这说明虽然进城务工人员选择自我雇佣可以获得更高的收入报酬，但自由发展的同时要付出比工资雇佣工作更高的时间成本代价。

此外，为了更好地解释进城务工人员自我雇佣行为的特征，本章对首次在城市务工的打工者和有过工作经历的打工者的就业形式进行了统计分析。统计结果显示，对于首次进城务工的群体，自我雇佣者占全部就业群体的23%。对于非首份工作的群体，自我雇佣比例也高达22.1%，两个比例并没有很大的区别，而且结果均高于解垩（2012）利用CHNS数据得出的结论。这说明在城市劳动力市场中，自我雇佣已成为城市进城务工人员就业的一种重要形式，并且城市外来打工者在选择首份工作和非首份工作的就业形式时，几乎没有发生很大的差异。

（三）实证模型

在分析自我雇佣比工资雇佣是否具有显著的高收入效应时，本章采用经典的Mincer基本工资方程：

$$\log(wage) = \alpha + \beta_1 X_1 + \beta_2 X_2 + \beta_3 X_3 + \varepsilon \qquad (4-1)$$

其中，因变量为自我雇佣者去除投资收益后的净收入①对数。X_1表示自变量自我雇佣的就业形式（基本组为工资雇佣）。控制变量的选取结合现有文献涉及的与劳动报酬有关的变量，如个体特征、教育水平、培训等因素，得出控制变量集X_2包括人力资本变量（教育水平、培训）；控制变量集X_3主要包括性别、年龄、年龄平方、婚姻、迁入地区的虚拟变量等。

① 运用Hurst和Lusardi（2004）中提出的自我雇佣净收入法，即从自我雇佣收入中减去相应的金融资产收益（可以看作自我雇佣者拥有资金的机会成本），一般是减去投入资产的5%（代表相对风险年投资收益率）作为自我雇佣形式的净收益。

由于自我雇佣涉及主动或被动选择，对事情有主见性的因素可能会影响外出务工人员在就业形式中的表现，因此本章在控制变量 X_2 中加入了自我评价是否有主见性的变量。

第三节

实证结果分析

为了避免高估自我雇佣的收入效益，本部分在研究时考虑了自我雇佣的金融资本投资收益，即将自我雇佣者所得的收入减去投资的金融资产收益。通过计算，得出自我雇佣群体的年净收入为 24719 元，要高于工资雇佣 16744 元近 8000 元（见表 4－2）。而从工作时间来看，《劳动法》第三十六条中有明确的规定，国家实行劳动者每日工作时间不超过 8 小时、平均每周工作时间不超过 44 小时的工时制度。而数据统计得出，自我雇佣平均每周工作 78 个小时，不仅高于工资雇佣的 58 个小时，而且远远高于国家规定的最高工作时长。当控制工作时间后，相比工资雇佣，自我雇佣的小时工资也只有微弱的收入优势。而进城务工人员收入高甚至高过大学生只是表面现象，当控制务工人员超长的工作时间后，小时工资甚至还达不到国家规定的最低标准。考虑到工作单位要为工资雇佣者缴纳一定的社会保障金，而自我雇佣群体的社保成本要自我承担，自我雇佣微弱的高收入差异可能也会被抵消掉。

表 4－2　　我国城市外来务工人员自我雇佣与工资雇佣的小时工资对比　　单位：元；小时

	月收入	投资资金	年净收入	周工作时间	小时工资
自我雇佣	2199.03	33374.82	24719.62	78.43	6.04
工资雇佣	1395.35	0	16744.20	58.52	5.63

注：年净收入公式：月收入 ×12－0.05× 投资资金。

（一）基于 Mincer 工资方程的实证结果

当然，劳动报酬会因年龄、性别、教育水平、地区差异等因素产生不同的结果。要分析自我雇佣和工资雇佣的劳动报酬差异，除了要排除金融资本的投资收益外，还需要控制住这些因素对劳动报酬产生的影响。因此，本章进一步建立了 Mincer 实证方程进行显著性验证分析。根据调查问卷的设计，在研究中将年收入对数、月收入对数、小时工资对数分别作为因变量，将就业形式（自我雇佣或工资雇佣）作为自变量，个体特征、家庭特征和地区特征作为控制变量进行实证分析。通过 Stata 软件的操作，工资估计方程 F 检验在 1% 的水平显著，说明该实证方程整体的解释是显著的。

在控制因素中，性别、年龄、婚姻状态、教育水平都对小时工资产生显著的影响。受教育程度越高的已婚年轻男性小时工资水平提升越显著。非农培训因素对小时工资有显著的正影响，经历过非农培训的群体要比未接受非农培训的小时工资水平提升 5.3% 。做事具有主见性对工资有显著的正影响。这可能与外出务工人员从事的工作性质有关。务工人员往往在城市劳动力市场中的非正规部门工作，尤其是一线技术劳动者，技术的熟练程度和工作时间长短往往是决定收入高低的主要因素，从事的工作岗位与决策力和执行力比较相关，所以做事情的主见往往在工作实践中起到显著的影响。此外，工资水平还存在显著的地区差异。其中，中部地区和西部地区差别不明显，而东部地区要比西部地区显著高出 35.0% 。为了避免这些因素对自我雇佣和工资雇佣就业形式对工资差异的解释力，本章对这些因素分别进行了控制。

当控制住影响工资的个体特征、人力资本、工作经验以及地区因素后，自我雇佣群体比工资雇佣群体的小时工资高出 2.4% ，由于去除了自我雇佣的投资收益，这一比例要远低于宁光杰（2012）得出的研究结果（13.9%）。但这一结果即使在 10% 的显著水平下也不显著。这说明从劳动报酬角度，虽然自我雇佣要比工资雇佣具有显著的高收入优势，但扣除自我雇佣的投资收益和工作时间后，自我雇佣的小时工资水平并没有显著的优势，与工资雇佣群体没有显著区别。因此，自我雇佣并不是外来务工人员最理想的理性就业形式，而是次优选择（见表 4 - 3）。

表 4－3 城市外来务工人员 Mincer 工资方程估计

	年收入		月收入		小时工资	
	系数	标准差	系数	标准差	系数	标准差
自变量						
自我雇佣（基本组：工资雇佣）					0.024	(0.018)
个体特征变量						
性别（女性＝0）					0.124***	(0.015)
年龄（岁）					－0.006***	(0.001)
婚姻状况（未婚＝0）					0.087***	(0.019)
人力资本变量						
教育水平					0.047***	(0.003)
非农培训（否＝0）					0.053**	(0.018)
有无主见（否＝0）					0.105***	(0.019)
工作经验变量						
工作年限					0.018***	(0.002)
曾经打工的城市数					0.004**	(0.001)
地区变量（基本组：西部）						
中部					－0.002	(0.022)
东部					0.350***	(0.020)
截距项					0.876***	(0.049)
Adjusted R^2					0.154	
样本数					4876	

数据来源：RUMIC2008 年整理；***、**、* 分别表示在 1%、5% 和 10% 的水平下显著。

（二）自我雇佣的行为选择及投资要素分析

从前面的实证结果可以看出，与工资雇佣群体相比，城市外来务工人员的自我雇佣小时工资水平并没有显著的优势。那这部分群体为何仍旧选择自我雇佣的形式？本章进一步从城市外来务工人员的工作动机进行了分析。

1. 自我雇佣群体大多以主动选择为主。根据就业选择的动机，自我雇佣就业有主动选择和被动选择两种形式。为了具体分析中国城市外来务工人员在城市劳动力市场为何会选择自我雇佣形式，本章根据调查问卷的问题设置，将从事自我雇佣就业形式的主观原因进行了分类统计，其中为了挣更多的钱、时间自由灵活、想自己当老板这三类归纳为主动选择，将找不到工作归纳为失业。统计数据显示，在选择自我雇佣就业形式的群体中，有 86.7% 的自我雇佣是出于主动选择动机。其中，比例最高的群体想获得更高的收入，占 37.3%，其次是能够享受自己当老板的状态和想拥有独立自由时间的群体（见表 4－4）。而只有一成左右的群体是迫于没有找到合适的工作而被动选择自我雇佣，这说明经济收入和自由发展是务工群体选择自我雇佣最看重的基本因素。无论是个体经营还是公司创业，我国进城务工人员的自我雇佣行为具有很强的主观能动性，虽然这部分群体教育水平普遍不高，但在解决自身就业岗位的同时，也会向市场释放一定的就业潜力机会，对劳动力市场产生一定的积极的作用。

表 4－4　　我国城市外来务工人员选择自我雇佣的原因

	选择自我雇佣的原因	样本数	比例（%）
被动选择	找不到工作	190	12.33
主动选择	可以挣更多的钱	575	37.31
	时间自由灵活	480	18.23
	想自己当老板	281	31.15
其他	其他原因[a]	14	0.97
	总样本	1540	100.00

注：[a] 表示如亲戚介绍或家传手艺等。

2. 自我雇佣投资要素中，民营机构贷款和私人借款占最大比例。自我雇佣作为投资形式的一种，涉及的投资要素主要分为资本要素和劳动要素。无论是个体经营还是自主创业，投资资金的筹集是事业起步和持续经营面临的首要问题。马光荣、苏群等（2016）从社会资本与融资视角分析了促进外出务工人员实现自我雇佣的影响机制。农村外出务工人员自我雇佣的投资基金往往来源于社会资源而不是正规金融渠道。本章得出了相似的结论，数据显示，在进城务工人员自我雇佣群体的资本要素结构中，其自己的投资资金占少数，资金大多来源于不同形式的贷款。其中贷款又以民间贷款机构或私人借款额居多，平均占到总贷款额度的83.4%。这说明对于自主经营的创业群体来说，由于其个人经济实力不足和收入来源不稳定，正规的银行贷款渠道很难实现贷款的审批。目前，除农村信用联社贷款渠道外，农民工自我创业的资金来源渠道还比较局限。随着家庭承包责任制试点的开展，土地和宅基地的产权抵押可能会为进城务工人员的正规贷款渠道提供更多的申请保障（见表4－5）。

表4－5　　我国城市外来务工人员自我雇佣的投资要素特征

投资要素	具体变量	均值	标准差	最小值	最大值
资本要素	投资资金（元）	33374.82	170169.15	0	4000000
	投资贷款（元）	10027.91	79194.92	0	2000000
	银行贷款额（元）	3029.56	13618.62	0	200000
	私人贷款额（元）	27791.12	138272.13	0	2000000
	私人贷款率[a]（%）	83.41	34.94	0	100
劳动力要素	雇佣人数	0.79	3.54	0	99

注：[a] 对于既有银行贷款和私人贷款的个体，私人贷款率为私人贷款额占总贷款额的百分比。

此外，从自我雇佣群体的雇佣人数规模来看，99%以上的雇佣人数局限在10人以内。在总样本1540个中，共有1169个样本没有雇佣任何员工，属于个体经营者，这部分群体的比例占到76.01%。其次为10人以下的规模，比例为23.21%。规模在11～100人的样本比重仅为0.78%，雇佣人数规模100人以上的几乎没有。这说明对于外来务工群体，选择自我雇佣就业形式还处于原始创业的初级阶段，大多属于纯个体经营户，尤其是夫妻经营户。劳动要素对经营收入的贡献主要来自雇主及家庭成员本身的劳务投入和付出。从雇佣规模和经营模式可以看出，进城务工人员的自我雇佣与规范的公司创业具有明显的差别。进城务工人员的自我经营和投资能力还需要进一步拓展和提升。但自我雇佣与工资雇佣的收入差距还需要排除样本选择偏差问题（宁光杰，2012；曹永福等，2013）。通过选择性偏差的控制，自我雇佣只是务工人员在城市劳动力市场就业机会受限后的次优选择。

第四节 本章小结

本章通过运用2008年中国的城乡移民数据，得出城市外来务工人员选择自我雇佣就业形式在很大程度上是主动选择，这可以阐释劳动力市场上招人单位的“招工难”和进城务工人员“就业难”现象。在就业市场中，劳动力的“蓄水池”存量是一定的，当一部分人选择自我雇佣工作时，可供工资雇佣单位选择的劳动力数量就会缩减。因此，在试图解释进城务工人员“就业难”和“招工短缺”的矛盾现象时，可以将就业市场中的自雇群体纳入劳动力供给总量中进行解释。

在自我雇佣群体中，绝大部分是想获得更高的收入、想拥有自由的时间或享受自己当老板的成就感和满足感的。而在实际运营过程中，扣除掉投资收益后，自我雇佣与工资雇佣的小时工资报酬并没有显著差别，并且自我雇佣群体的工作时间显著过长，在一定程度上抵消了自我雇佣较高的收入报酬优势。这说明自我雇佣并不是进城务工人员最理想的就业选择。一方面，进城务工人员在自我经营过程中普遍面临投资资金来源的正规金融约束问题。在资本要素投资中，非银行贷款占绝大比例。另一方面，从雇佣劳动要素来看，务工人员的教育水平普遍不高，其自我雇佣行为仍以个体经营为主，雇主往往身兼雇员的职务，经营规模过小也使这部分经营群体对劳动力市场中的劳动力吸纳能力有限。

这些研究结果得到的一些政策启示：首先，拓宽劳动力市场中进城务工人员的投资渠道。稳定的现金流来源是提升自我经营资本要素回报率和营利能力的重要渠道。然而这部分群体由于缺乏稳定的收入来源和工作证明，很难通过银行贷款渠道实现投资资本的筹集。虽然从2009年开始，政府开始对返乡创业的农民实行申请小额担保贷款的优惠政策，但对于在城市务工人员的贷款政策和申请程序还有待进一步规范。其次，对进城务工人员开展职业规划培训。从劳动报酬角度，自我雇佣并不是进城务工人员的最优选择。较低的教育水平使这部分群体很难在城市的劳动力市场中寻找到高工资的正规工作岗位，转而选择自我感觉更为自由和收入相对较高的自我经营模式。为了提升进城务工人员的劳动生产率，系统的职业规划培训很有必要。专职技能培训和创业能力的培养既可以鼓励一部分具有创业精神和实力的劳动力充分实现自主创新创业，也可以提升务工人员在求职过程中的专业技能，从而使务工群体实现“人尽其才，才尽其用”，在面临创业和求职时做出更合理的就业选择。

第五章

身份认同视角下流动人口的消费行为

在目前的城市经济发展体系中，消费问题已成为发达国家城市发展的核心问题（蔡禾、何艳玲，2004）。在社会生产总过程的生产、分配、交换、消费四个环节，消费既是生产总过程的终点，又对生产产生刺激和影响作用。新时期中国面临着经济向高质量发展的转型，以及日益复杂的国际贸易环境。在拉动经济的三大要素中，出现了国内投资增长“瓶颈”和出口额疲软困境，如何从供给侧结构性改革视角扩大中国内需成为国内学界和政府关注的焦点。从宏观层面看，消费问题对推动经济体的发展起着至关重要的作用（刘世锦、陈昌盛，2010）；从个体微观层面看，消费是衡量个体物质福利的精准变量，个体的消费行为既是追求个人效用最大化的过程，也是提高个人生活质量的主要方式（程毅、赵菡，2015；宋月萍、宋正亮，2018）。

第一节 流动人口的消费模式

流动人口是推动新型城镇化和提升国内消费水平的重要力量，该群体具有很大的消费潜力（王美艳，2016）。中国居民普遍消费水平不足，在流动人口“半城市化”的背景下，流动人口群体消费不足的情况尤其明显。据国家统计局数据显示，2014 年中国外出农民工每月消费支出为 944 元，而城镇居民人均消费水平 2120 元，两者存在显著差距。收入水平往往被认为是决定人们消费水平和消费倾向的重要因素。而数据显示，2014 年全国居民人均每月可支配收入为 1680 元，农民工各行业人均月收入 2864 元，收入因素似乎不能完全解释流动人口消费不足的问题。

低社会保障导致的不稳定性可能是流动人口消费不足的重要原因。已有研究认为，不稳定因素对居民消费水平有显著的抑制作用（袁志刚、朱国林，2002；罗楚亮，2004）。虽然很多流动人口进城从事非农生产活动，但由于户籍制度等限制，他们不能享受城市的社会保障和公共服务，职业也不够稳定，因此其消费行为相对其收入水平偏低。不过，已有研究的不确定性分析观点，更多的是从基本生活保障的角度出发，而由于农村物价较低且存在农地等具有社会保障功能的资源，不确定性似乎也并非流动人口消费不足的主因。

除了不确定因素外，流动人口的身份、地位和观念也会限制其消费水平。城市居民和农村居民认为“值”或“有用”的商品是不同的。例如，城市居民往往认为在餐馆消费“很方便”，而很多农村居民认为“很贵”；城市居民购买一件名牌衣服觉得“很时尚”，而农村居民可能认为“太拉风”。考虑到很多流动人口对自身的身份仍定位为“农民”，很可能导致其消费水平长期处于低迷状态。因此，城市流动人口有没有获得把自己看作“城里人”可能就是解释其消费行为的一个重要因素。同理，具有不同身份认同的流动人口其消费方式将出现分化——“求生存，回农村”的流动人口可能压低其消费水平，将自身看作城市市民的流动人口则可能具有与城市居民类似的消费行为和观念。然而，现有研究较少考察认同对消费行为的影响。因此，本章拟对这一问题加以系统研究。

第二节

理论框架与研究假设

（一）计划行为理论

身份认同是个体对自我的一种认知，消费则是个体行为的一种表现形式。认知对行为的影响，在心理学已经具有很完善的理论基础（Corneo G.

and Jeanne O. , 1998; Danzer M. et al, 2014)，其中比较著名的是 Ajzen 提出的计划行为理论（Theory of Planned Behavior, TPB）。该理论认为个体的行为态度、主观规范和控制认知这三项因素通过影响其行为意愿而影响个体的最终行为决策（Ajzen I. , 1985; Ajzen I. , 1991）。其中，行为态度指的是个体对执行某行为的认知与预期。Escalas 进一步对行动计划理论进行了修正，认为除态度、感知控制和主观规范外，还包括影响其行为的各种客观准则、过去行为、自我认同，以增强计划行为理论对行为的预测能力（Escalas J. , 2013）。计划行为理论将自我认同作为很多一系列条件反映的集合，通过自尊和自我一致性的作用，来实际影响消费者的购买动机，从而影响消费行为（Sirgy M. , 1982）。

根据 TPB 理论，消费行为的发生，由消费倾向、消费习惯和动机（意愿）决定。其中，消费倾向反映的是基于经济水平的自我认知以及对未来收入的预期，消费习惯和动机依赖的是社会制度环境和自我身份的认同和界定。消费动机对消费者行为产生直接影响，而自我身份认同主要通过消费动机和意愿，最终对消费行为产生影响（Smith J. et al. , 2008）。学者在论述认同与消费的关系时认为两者之间的逻辑关系是：当前身份对现有消费方式具有约束作用，个人总是选择与其身份相符合的消费方式；同时，消费又是对未来身份的构建，人们通过现期消费来维持未来自我身份的认同（程毅、赵菡，2015；姚建平，2006；王宁，2001）。自我认同概念是消费者心理结构的核心内容，是个多维度、多层次的测量变量。自我认同与消费态度、主观规范、过去行为等因素一样，对购买意愿会产生积极的影响，而意愿又进一步影响个体的未来消费行为。人们如何分配自己的消费资源，选择哪些消费品都是由他们认为“自己是谁”所决定的（岳阳春，2016）。因此，消费是基于某种认同的消费，不同的认同决定着不同的消费形式与消费内容（付林芮，2016）。

（二）流动人口的消费行为与身份认同

目前，国内外关于流动人口消费行为的研究，主要聚焦于该群体消费模式与特征、消费水平及其影响因素等几个方面，本章将基于这些文献构建研究假设。

1. 流动人口的消费水平、消费方式与消费特征。多数研究认为流动人口整体上处于“温饱型”（Danzer M. et al., 2014；黄小兵、黄静波，2015；褚荣伟、张晓冬，2011），表现出暂时性、维持性和最小化等消费特征。流动人口由于没有实现真正的城市居民身份，不能享受相应的社会保障和公共服务，其社会地位及消费角色发生转换的同时，会参照家乡成员及城市居民的消费方式，其消费方式逐渐表现出“二元化”特征，消费模式出现内部和外部分化（纪江明等，2013；李培林、张翼，2000），这将对城市消费市场和农村经济发展均产生显著影响（王张明、孔祥利，2016）。因此，本章的第一个研究假设 H5 -1 是：流动人口的消费水平存在内部异质性。

2. 流动人口的消费结构。研究显示，流动人口家庭在城市的消费以食品和房租支出为主，仍属于“生存型”消费结构，享受型消费有较大提升空间（熊德平等，2014）。部分流动人口由于身份认知的模糊性，无法形成稳定的消费习惯和模式，会导致消费结构不合理（王宁，2001）。其中，在城市有长期居住意愿流动人口的住房消费支出和总消费支出都比短期居住的群体更高（周明海、金樟峰，2017；李国正、艾小青，2017）。基于研究假设 H5 -1，流动人口消费行为的异质性也会体现在消费结构上。所以本章的第二个研究假设 H5 -2 为：不同身份认知的流动人口，其在城市的消费结构存在显著差异。

3. 流动人口消费行为选择的影响因素。现有文献主要关注以下两类因素对消费水平的影响：一是经济效应因素。国内外学者大多基于绝对收入理论、相对收入理论收入和持久收入假说分析消费。其主要观点认为流动人口就业相对不稳定，家庭收入是影响其消费不足的主要因素（Chen B. et al., 2015；谭苏华等，2015；孙华，陈力勇，2014），但对于我国流动人口消费不足的问题，经济效应因素很难充分解释。二是制度性因素。除经济因素外，现有研究多从制度层面分析流动人口的消费行为。养老保险、医疗保险制度的完善，能够降低未来不确定性风险进而提高流动人口的消费支出（赵彤，2018），而流动人口社会保障和社会保护的缺位，会严重抑制他们的消费意愿（袁志刚、朱国林，2002）。此外，完善子女随迁政策也可以促进农民工家庭的教育消费和总消费（王碌琳，2015；胡霞、丁浩，2016）。放开户籍制度对流动人口的消费也存在促进影响。为此，本章在模型构建中应该控制流动人口的收入水平和制度因素对其消费行为的影响。

4. 身份认同与消费行为。根据计划行为理论，流动人口作为消费行为的主体，通过对自我身份属性的认知，会选择相应的消费方式（王美艳，2016；王张明、孔祥利，2016；李荣彬、袁城，2013；Hopkins E. and Kornienko T.，2004）。随着社会身份和地位的需求，群体内在互动会使个体的消费意识和习惯发生变化，使消费方式成为身份特征的一种载体和象征。因此，不同的社会地位和身份感知等往往导致农民工不同水平的消费（周林刚，2007）。研究表明，城市认同、身份认同和地方认同都会对地位消费意愿产生正影响（金晓彤等，2017）。王宁（2001）从消费空间的分割角度阐释了消费分化的原因。认同框架使消费者获得了某种消费边界，从而获得某种消费分层。万广华等（2001）认为消费者的异质性以及流动性约束与不确定性因素之间的相互作用进一步加剧了流动性约束与不确定性对居民消费的影响，导致现期消费水平与预期消费增长率的下降。农民工市民化过程既包含户籍身份及福利待遇等客观因素的统一，也包含生活习惯及心理认同等主观因素的趋同（赵彤，2018）。身份认同的模糊性，容易使该群体产生不稳定的消费心理，从而影响他们的消费动机和消费行为（孔祥利、张欣丽，2014；侯亚杰、姚红，2016）。由于缺乏城市的认同，流动人口将工资性收入大部分用于农村消费。而城市越认同市民身份的群体，越倾向于融入城市的生活中，其消费习惯越容易受城市居民的影响，消费意愿会越高。故本章的第三个研究假设 H5 - 3 为：流动人口市民身份认同度越高，其消费倾向和消费水平也越高。

第三节 身份认同对流动人口消费行为的实证分析

（一）数据描述与变量界定

本章采用了2014年全国流动人口动态监测调查数据的社会融合部分。

该数据以“在现流入地居住一个月及以上、户口为非本区（县、市）、调查时点年龄在 15 ~59 周岁的流入人口为调查对象，采取分层、多阶段、与规模成比例的 PPS 方法进行抽样。针对流动人口的身份认同，依据调查问卷中“你认为自己还是不是老家人”“你认为自己是不是本地人”等问题选项，将流动人口的身份认同归纳为三类：返乡型（认为自己是老家人不是本地人；同时未来五年打算在老家生活）、徘徊型（认为自己既是老家人又是本地人；认为自己既不是老家人又不是本地人）、定居型（认为自己是本地人不是老家人；同时未来五年打算在工作城市生活）共三类。通过数据整理，本章只选取外出务工的流动样本（N = 11192）。其中，流动人口家庭月均总消费为 2999 元，家庭每月总收入合计 6205 元。具体各变量的统计特征见表 5 – 1。

表 5 – 1　　　　2014 年流动人口特征描述统计

变　量			均值/百分比	标准差	最小值	最大值
因变量	家庭平均每月总消费支出（元）		2999.52	2155.55	100	19000
核心自变量（身份认同）	返乡型		78.15%			
	徘徊型		14.9%			
	定居型		6.95%			
控制变量		户主年龄（岁）	32.14	8.66	15	59
		户主教育水平	2.39	0.50	1	3
		本次外出流动时间（年）	4.23	4.40	0	33
		参加新农合情况（1 = 没有；2 = 参加）	1.59	0.49	1	2
		配偶是否随迁务工（1 = 没有；2 = 随迁务工）	0.58	0.49	1	2
		家庭中小孩数量	1.62	1.17	0	3
		老家中耕地面积（亩）	3.81	11.32	0	600
		老家中住房面积（平方米）	147.51	92.48	0	990
		家庭平均每月总收入（元）	6205.58	5890.75	0	21000

续表

变量			均值/百分比	标准差	最小值	最大值
控制变量	户主婚姻状况	未婚	25.7%			
		已婚	72.83%			
		离异	1.47%			
	工作单位性质	国有、集体单位	6.21%			
		个体、私营单位	82.9%			
		外资、合资单位	10.89%			
	邻居类型	主要外地人	43.39%			
		外地人本地人混住	36.07%			
		主要本地人	20.54%			
	未来购房地意愿	户籍地村、镇	23.68%			
		户籍地县城、市区	13.73%			
		户籍地省会城市	28.79%			
		工作地城市	33.8%			
	未来五年居住地意愿	回老家	9.54%			
		现在工作地	85.57%			
		不清楚	4.89%			
	本次流动范围	跨省	54.88%			
		省内跨	41.36%			
		市内跨县	3.77%			

根据上述文献综述，消费方式只是身份特征的一种载体，身份认同是消费水平的综合体现。而身份决定了人们选择相应的消费方式，消费方式转型与身份转化具有一致性，因此身份认同是消费行为的决定因素。因此本章将身份认同作为解释变量，将影响个体消费行为的其他因素，如个人特征、收入水平等作为控制变量进行实证分析。根据调查问卷变量的设定，本章构建的计量模型构建如下：

$$LnC_i = \beta_0 + \beta_1 X_{1i} + \beta_2 X_{2i} + \varepsilon_i \quad (5-1)$$

其中，下标 i 代表每个消费个体，ε_i 为随机扰动项。因变量 C_i 分别从流动人口家庭月均消费水平、消费倾向和消费结构三个方面来测量。家庭月均消费水平采用问卷中“家庭每月总支出额”数据，消费倾向用月消费支出/月收入×100%来表示；消费结构根据恩格尔系数（家庭食品支出/家庭总消费支出×100%）来解释，根据问卷设置，流动人口消费主要分为食品消费占总支出、医疗费用占总支出、房租占总支出、其他支出等几方面。

自变量的测量。X_{1i}为流动人口的身份认同度，根据问卷中“你认为自己还是不是老家人”“你认为自己是不是本地人”等问题，将流动人口的身份认同归纳为：老家人（认同自己是老家人，同时认为自己不是本地人）、不清楚（认为自己既是老家人又是本地人；认为自己既不是老家人又不是本地人）、当地人（认为自己不是老家人，同时认同自己是本地人）共三类。

控制变量。X_{2i}涉及流动人口的人口学变量（年龄、年龄平方、婚姻状况、性别等）、人力资本变量（受教育水平、流动迁移经历）、工作特征（职业特征、合同性质、行业等）、空间流动方式（跨省流动、省内流动、市内流动）、其他（配偶是否随迁、社保参与、邻居类型、城市规模等）。

（二）不同身份认同群体消费行为的异质性

1. 身份认同与消费水平。根据计划行动理论，流动人口群体由于城镇化进程不同，对自我身份的界定和认知会出现差异，其城市生活习惯和消费意愿也会不同。本章将流动人口群体依据身份认同分为三类。其中，返乡型，即认为自己仍然是农民的群体比重最高，认为是城市群体的比例仅占 6.95%。这说明我国流动人口虽然规模大，但对城市的主观认同方面还有很大的提升空间。通过对比这三类群体的消费水平，发现该群体的消费行为确实存在异质性，且呈现市民化身份认同度越高、月平均消费水平越高的趋势。

2. 身份认同与消费结构。从消费结构对比分析，2014 年流动人口的恩格尔系数都处于 40%～45%。按照恩格尔系数的划分，流动人口大体上均已进入小康水平，这与谭苏华等（2012）利用2012年流动人口得出的结论相似。在消费结构中，不同群体的消费类别也存在差异。随着流动人口市民身份认同度的提升，其消费收入比不断增加，恩格尔系数也随之提高。其中，定居型群体不仅在总消费方面额度最高，在食品消费、住房消费均值都普遍高于其他两类群体（见表5－2），这说明相对返乡型群体，定居型群体更乐于消费的消费行为不仅反映在总体消费水平上，也反映在消费结构上。

表5－2　　2014年流动人口消费结构分析

身份认同/消费方式	返乡型		徘徊型		定居型	
	均值	标准差	均值	标准差	均值	标准差
总消费（元）	2908.69	1932.89	3294.65	2259.25	3389.55	2204.32
食品消费（元）	1256.47	828.32	1368.71	940.54	1404.55	883.55
住房消费（元）	713.54	928.767	877.81	1113.87	913.26	1203.76
其他消费（元）	999.79	2253.31	1102.53	1456.79	1102.53	1456.79
消费收入比（%）	0.52	0.28	0.538	0.25	0.55	0.21
恩格尔系数（%）	43.2		41.5		41.4	
样本（个）	8946		1545		701	

3. 身份认同与消费倾向。当然，消费水平高的群体，其月均收入也可能较高，因此消费绝对值高可能与该群体高收入有关。为了排除经济因素，本章将各群体的平均消费倾向（月均消费支出占月均收入比例）作进一步计算（见表5－3）。结果发现，随着身份认同度的提升，流动人口的平均消费倾向也越高，即消费水平占家庭收入的比例在不断增大。

表5－3　　流动人口的身份认同与平均消费倾向

身份认同/消费倾向	返乡型	徘徊型	定居型
消费水平（元）	2933.08	3463.06	3684.00
平均消费倾向	0.52	0.54	0.55
样本数（个）	8946	1545	701
样本比例（%）	78.15	14.9	6.95

为了充分控制收入因素，除考虑平均消费倾向外，本章进一步分析了不同身份认知类型的边际消费倾向（收入对消费的弹性系数），来验证不同群体间消费水平的差异性。研究表明，务工人员的边际消费倾向随着务工人员市民身份认同度的提升不断显著变大（见表5－4）。对于自我定位是返乡型的流动群体，当家庭收入增加1%时，消费需求增加约0.798%，而认同是当地居民的群体消费需求显著提高0.862%，弹性比前者高出0.064%。对身份认同处于模糊状态的群体其消费水平介于上述两个群体中间。这也与前面得出的身份认同与平均消费倾向的关系结果相一致。

表5－4　　　　流动人口的身份认同与边际消费倾向

身份认同/边际消费倾向	返乡型	徘徊型	定居型
家庭月均收入对数	0.798*** (0.007)	0.827*** (0.012)	0.862*** (0.020)
截距项	0.981*** (0.0627)	0.794*** (0.107)	0.519** (0.171)
调整后的 R^2	0.513	0.571	0.629
样本	8946	1545	701

注：括号内为标准误；** 和 *** 分别表示在5%和1%的水平上显著。

（三）身份认同对流动人口消费水平的实证分析

从消费水平和消费结构的描述统计可以看出，身份认同度不同的流动人口其消费行为有很大的差异。当然，由于消费行为的影响因素比较复杂，还可能受其他因素影响，如家庭的收入水平、配偶是否随迁务工、家庭子女数等。为此，本章利用多元线性模型的OLS估计将上述可能的影响因素进行控制，以更好地分析身份认同对消费行为的影响。

从表5－5模型1的回归结果可以看出，身份认同与消费水平有显著的关系。与返乡型群体对比，徘徊型的务工群体消费水平要显著高出2.83%，城市定居型的群体消费水平则高出约4.99%。即当收入等因素保持一定，流动人口的主观认同由农民角色转变为市民身份时，月均消费水平将显著提高4.99%。这说明流动人口的当地市民身份认同度越高，其消费水平越高。当然，流动人口迁入的城市规模、流动模式、邻居类型等可能影响消费行为，因此本章以此对这些因素依次进行控制做进一步的实证分析。

以中等城市为基本对照组，引入城市规模[①]虚拟变量，结果发现不管迁入地是特大城市、超大城市和大城市，流动人口的消费水平都有显著提高。当控制住城市规模变量后，虽然身份认同的系数有所减小，但可以看出身份认同因素仍然对消费水平产生显著影响。进一步控制流动模式，以省际流动为基本组，研究发现省内跨市和市内跨县的流动人口消费水平分别显著提高7.09%和7.41%。这不难理解，省际流动由于距离的拉远，对当地的消费习惯会比省内跨市和市内跨县较难融合，在一定程度上会压低消费水平。但当控制这一变量时，身份认同对消费水平的影响仍然显著。当排除流动模式因素对消费的影响时，流动人口由农民转向市民认同时，身份认同的转变会使其消费水平显著提高3.51%。此外，为了排除流动持续时间以及周围人消费习惯对流动人口消费行为的影响，表5-5中的模型3和模型4分别将流动持续时间、流动人口居住社区的邻居类型也作为控制变量进行了实证分析。

内生性偏差和稳健性检验。在分析身份认同对消费水平的影响机制时，两者之间的双向因果关系可能导致联立内生性偏误，消费行为本身会通过人们对城市生活的融入程度而最终影响身份认同的判断。此外，其他可能影响消费水平的不可观测的因素，也会造成估计的遗漏变量偏误。不考虑估计方程中身份认同变量的内生性问题，会使上述回归结果有偏且非一致。解决变量内生性的有效策略是寻找内生变量的有效工具变量，所以为了使结果更具有稳健性，实证部分进一步采用工具变量法来重新估计身份认同对进城务工人员消费水平影响的决定方程。

---

① 城市规模根据国务院2014年11月发布的《关于调整城市规模划分标准的通知》进行了重新划分：超大城市（北京、深圳）、大城市（青岛、厦门、中山）、特大城市（成都市、郑州市）和中等城市（嘉兴市）四类。文中以中等城市为基本组，得出北京、深圳等超大城市的消费水平最高，大城市如青岛、厦门、中山等城市的消费水平次之。

表 5-5　身份认同对流动人口消费水平影响的回归分析

变量	模型 1		模型 2		模型 3		模型 4	
	系数	标准差	系数	标准差	系数	标准差	系数	标准差
身份认同（返乡型群体 =0）								
徘徊型群体	0.028**	(0.010)	0.026**	(0.010)	0.019	(0.010)	0.021*	(0.010)
定居型群体	0.050***	(0.017)	0.042**	(0.017)	0.035**	(0.016)	0.042**	(0.017)
户主年龄	0.018***	(0.004)	0.011***	(0.004)	0.011***	(0.004)	0.011***	(0.004)
户主年龄平方	-0.000***	(0.000)	-0.000***	(0.000)	-0.000***	(0.000)	-0.000***	(0.000)
户主教育程度（没上学 =0）								
初中及以下	0.0264	(0.045)	0.000	(0.045)	-0.000	(0.044)	0.002	(0.044)
高中及以上	0.127***	(0.046)	0.090**	(0.045)	0.087*	(0.045)	0.089**	(0.045)
婚姻状态（未婚 =0）								
初婚	0.020	(0.020)	0.012	(0.020)	0.003	(0.020)	0.007	(0.020)
离异及丧偶	0.004	(0.038)	0.019	(0.037)	0.020	(0.037)	0.024	(0.037)
本次流动时间	0.013***	(0.001)	0.013***	(0.001)	0.013***	(0.001)	0.013***	(0.001)

续表

变量	模型 1		模型 2		模型 3		模型 4	
	系数	标准差	系数	标准差	系数	标准差	系数	标准差
工作单位性质（国有、集体单位 =0）								
个体、私营单位	0.007	(0.018)	0.013	(0.018)	0.016	(0.018)	0.015	(0.018)
外资、合资单位	-0.129***	(0.022)	-0.132***	(0.022)	-0.128***	(0.021)	-0.131***	(0.021)
没有参加新农合（参保 =0）	-0.026***	(0.008)	-0.028***	(0.011)	-0.021**	(0.008)	-0.022***	(0.008)
配偶随迁务工（没有 =0）	-0.048***	(0.011)	-0.044***	(0.008)	-0.045***	(0.011)	-0.044***	(0.011)
家庭小孩数量	0.024***	(0.007)	0.027***	(0.007)	0.030***	(0.007)	0.030***	(0.007)
老家中耕地面积的对数	-0.022***	(0.004)	-0.010**	(0.004)	-0.010**	(0.004)	-0.010**	(0.004)
家庭月均总收入的对数	0.729***	(0.009)	0.730***	(0.009)	0.732***	(0.009)	0.732***	(0.009)
城市规模（中等城市 =0）								
大城市（青岛、厦门、中山）			0.158***	(0.013)	0.116***	(0.013)	0.118***	(0.013)
特大城市（成都市、郑州市）			0.126***	(0.013)	0.051***	(0.016)	0.052***	(0.016)

续表

变量	模型 1		模型 2		模型 3		模型 4	
	系数	标准差	系数	标准差	系数	标准差	系数	标准差
超大城市（北京、深圳）			0.168***	(0.014)	0.163***	(0.014)	0.162***	(0.014)
流动范围（跨省 =0）								
省内跨市					0.071***	(0.010)	0.074***	(0.010)
市内跨县					0.074***	(0.022)	0.081***	(0.022)
邻居类型（主要外地人 =0）								(0.009)
邻居为本地和外地混住							0.018**	(0.011)
邻居主要本地人							-0.034***	(0.012)
截距项	1.201***	(11.73)	1.186***	(11.64)	1.163***	(11.43)	1.158***	(0.017)
样本数	11192		11192		11192		11192	

注：括号内为标准误；*、** 和 *** 分别表示在 10%、5% 和 1% 的水平上显著。

关于工具变量的选取，本章尝试选取了务工人员在工作城市是否参加选举、是否加入工会、是否参加社区的公益活动等变量。参加选取活动从生活经验角度，与城市身份认同度有正相关性，但是否参加选举与务工人员的消费行为并没有直接的关系，可以将该变量看作消费水平的外生变量。但经过相关性筛选，务工人员在工作城市是否参加选举变量与身份认同的相关系数非常小，而且检验结果发现存在着弱工具变量。因此，选取是否参加当地选举活动作为身份认同内生性变量的工具变量并不具有很强的解释力。

在工具变量很难获得的情况下，本章主要采取倾向值匹配法（PSM）进行稳健性检验。PSM 主要解决样本选择性偏差产生的内生性问题。针对本章身份认同与消费水平的反向因果关系，可能导致消费水平越高的群体，其市民的身份认同度越高。因此，我们观测到的样本中，身份认同度高的群体本身消费水平就偏高，使样本选择产生偏误。为评估身份认同对农民工消费水平的影响，研究将农民工分为两组：居民身份认同度为 0 的群体（即返乡型群体）设为对照组，将居民身份认同为 1 的群体（即定居型群体）设为处理组，进行比较。如果能观察到处理组农民工在身份认同度为 0 的行为，或者观察到对照组农民工身份认同为 1 的反应，就可以顺利估算出身份认同对消费水平的处理效应。但在现实中，只能观察到农民工群体返乡型或定居型的身份认同形式，而无法同时观察到两种反应的差异，根据反事实推论分析，在稳定的个体处理效应前提下，某个农民工身份认同由返乡型转变到定居型，身份认同的改变对消费行为的影响效果并不会受其他农民工身份认同改变对消费的影响，因此，本章仍可以估算农民工身份认同的总体平均处理效应（ATE），即估算出定居型群体假设身份认同度不发生改变时的消费水平（不可观测到的），并与实际消费水平进行匹配对比。

在估计总体样本身份认同对消费的影响效果时，本章以最近邻匹配方法为例，依次得出了 ATT（处理组的平均处理效应）、ATC（控制组的平均处理效应）、ATE 三个因果效应参数的估计结果。其中，PSM 选取的协变量包括年龄、婚姻状况、性别、受教育水平、流动迁移经历、工作特征（职业特征、合同性质、行业等）、空间流动方式（跨省流动、省内流动、市内流动）、社保参与、邻居类型、城市规模等。并在稳健性检验中，进一步对比了最近邻匹配法与倾向匹配指数方法的估计效应。为了检验匹配过程的合理性，表5－6检验了匹配前后各协变量在参保组和对照组的分布是否变得更加平衡，以及协变量的均值在参保组和对照组之间是否仍然有差异。其中平衡性假设要求匹配变量在两组间没有显著差异，图5－1反映了控制组和处理组在匹配前后的密度分布特征。尽管检验的数据本身协变量就比较平衡，但仍然存在一定的差异。匹配后，控制组和处理组的协变量平衡性变好①，所以平衡性假设是合理的。加入各种协变量后，身份认同对消费的影响显著减弱，但定居型群体对返乡型群体的消费水平仍然显著高出4.85%。说明打工地居民身份认同的提升有助于促进流动人口在务工地的消费水平，这种正效应在控制内生性的情况下依然显著稳健。

表5－6　　　　倾向指数匹配法的因果效应估计结果

变量	Unadjusted	Adjusted
消费支出	0.171*** (7.63)	0.0485*** (3.04)
截距项	7.784*** (1298.72)	1.134*** (7.79)
调整后的 R^2	0.006	0.556
样本数	11192	9074

注：括号内为标准误；***表示在1%的水平上显著。

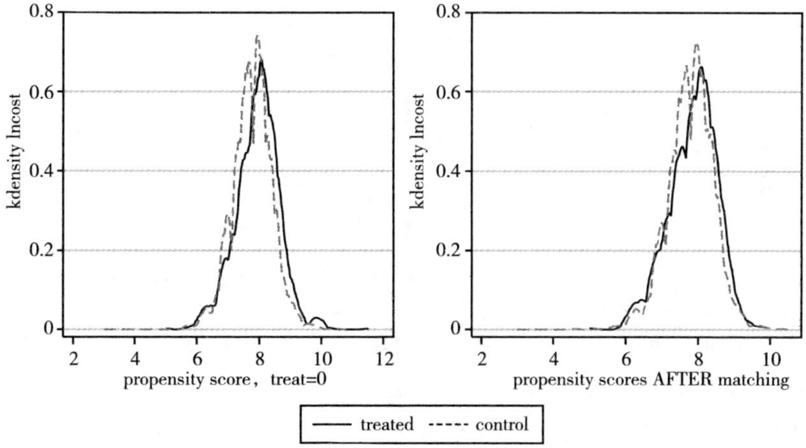

图5－1　倾向指数分布对比图

① 由于篇幅限制，各个协变量的平衡性检验结果没有列出，详细情况可以向作者索要结果。

（四）影响机制分析：炫耀性消费还是补偿性消费

由于中国农村外出务工人员往返于乡村和城市，其消费体系由农村消费和城市消费构成，在消费水平一定的情况下，两者之间有此消彼长的关系。从实证结果可以看出，城市居民的身份认同不足，会导致这部分群体在城市的消费水平低下。探讨身份认同对消费行为的影响机制，涉及社会学、心理学和经济学等多个学科的研究范畴。目前学者研究比较多的是从补偿性消费假设和炫耀性消费假设来解释认同与消费的关系（郑晓莹、彭泗清，2014；孟祥轶等，2010；刘园、李捷嵩，2018）。补偿性消费行为是指为了弥补某种心理缺失或自我威胁而发生的消费行为，是一种替代的心理需求满足形式。而炫耀性消费则是为了凸显个体方面的特征而选择的一种消费形式。凡勃伦在《有闲阶级论》中指出消费方式与身份认同具有关联性，个体“明显消费”的目的在于炫耀和证明财富地位（凡勃伦，2009）。根据农村外出务工群体身份认同的三个维度，假设返乡型群体身份认同的影响机制通过炫耀性消费实现，导致城市的消费力不足；假设定居型群体身份认同的影响机制通过补充性消费实现（见图5－2）。

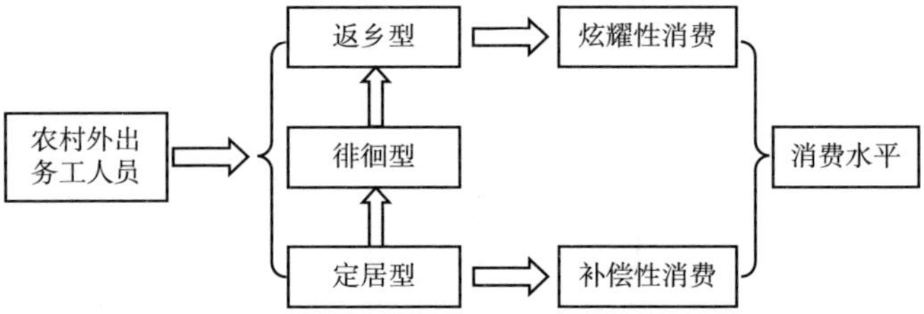

图5－2　进城务工人员身份认同对消费水平的影响机制示意图

补偿性消费的验证。农村外出务工人员在城市的生活，已经由生存型要求向发展型要求转变。该群体渴望通过外在商品的符号性消费来传达他们对城市的融入程度和认可，因此衣着服装被看作外来务工人员在身份认同方面的重要标准。按照补偿性消费指标，对于城市身份认同度低的群体，为了弥补身份认同感的缺失，更应该通过消费代表身份认同的物品或服务来获得心理需求，即，身份认同度低的务工群体衣着消费应该与城市群体差异更小。而通过将务工群体与城市居民的外在衣着差距的自我评价进行对比后发现，对于身份认同度越高的务工人员，自我评价与城市居民的外在衣服着装差异越小。这说明对于城市定居型群体，为了提升自身的城市居民身份认同感，会更加重视服装的消费观念，以减少与本地居民的外观差距，这与补偿性消费的理念正好相同。而对于返乡型群体，补偿性消费理论的理念正好相反，并不能很好地解释返乡型群体身份认同与消费水平低的影响机制。这说明补偿性消费理论更适合城市定居型务工群体的消费理念。

表 5－7　　进城务工人员与城市居民着装差异化的主观评价

身份认同	着装区别很大（%）	不太清楚（%）	着装没区别（%）	总体（%）
返乡型	9.96	20.61	69.43	100
徘徊型	5.44	18.47	76.09	100
定居型	5.97	13.54	80.49	100

炫耀性消费假设的验证。以往的炫耀性消费研究主要通过珠宝服饰、家庭设备和交通通信等消费品指标来体现。老家住房对于外出务工人员是个非常重要的参考指标。住房本身是稳定生活的必需消费品，但调查发现，有些地方存在着盖房不能比邻居低的潜意识和攀比风俗，使目前农村住房正成为“面子”工程，住房越盖越大，越盖越高，住房面积远远超过正常需求，导致现在部分新建农村楼房被闲置。尤其对于北方群体，很多都是积蓄大半生为了盖新房，一方面是儿子结婚娶媳妇的需求；另一方面更是对自己努力工作，在农村邻居群体中获得的一种身份认可。因此，老家住房可以当作身份特征的一种象征。本章将老家住房面积的大小作为解释农村是否炫耀性消费的一个参考指标。研究发现，农村外出务工人员在城市的消费不足是由于在农村盖房，身份认同度与老家住房面积有明显的负关系。当务工人员身份认同为老家人时，老家的住房面积最大。而对于城市定居型的务工人员，其老家住房面积最小。如果将农村和务工城市消费作为一个总体，务工人员在农村的消费会转移和抵消他们在城市的消费力。这说明，对于城市身份认同度低的务工人员，其消费水平低的原因可

以部分归结为农村住房的炫耀性消费，这部分群体在农村消费更容易找到归属感和认同感，说明炫耀性消费理论更能解释返乡型务工群体的消费理念（见表5－8）。

表5－8　进城务工人员老家住房情况分析

身份认同	均值	标准差	最小值	最大值	样本数
返乡型	148.97	91.59	0	990	8946
徘徊型	144.25	95.96	0	980	1545
定居型	141.30	103.90	0	900	701

第四节
本章小结

流动人口因身份定位的模糊性，往往被与“候鸟”“过客”等印象相联系。城乡务工群体的身份定位与角色转变是分析我国城市化过程的一个重要突破口。本章分析了流动人口主观市民化的身份认同对消费水平的影响，主要得出以下结论：第一，身份认同是影响流动人口消费水平的重要因素。在控制收入等因素后，与返乡型群体对比，城市定居型群体消费水平要高出约4.99%，收入对支出的弹性随着市民身份认同度的提升显著变大。第二，从消费结构看，流动人口大体上均已进入小康水平。按照恩格尔系数的划分，流动人口的恩格尔系数都处于40%～45%。在消费结构中，不同身份认同的群体其消费结构也存在差异。定居型群体不仅在总消费方面额度最高，在食品消费、住房消费均值都普遍高于徘徊型群体和返乡型群体。第三，当对影响消费的因素进行群体间对比时，发现流动模式对在三个群体中表现出显著差异，对于返乡型群体和徘徊型群体，当流动的距离越近时，其消费水平反而越高。从流动人口主观身份认同角度，本章得出就地流动反而更能促进返乡型群体和徘徊型的消费，这说明人们向大城市流动和三四线城市就地流动两种模式可以互补，共同推动就地城镇化。

本章的研究具有一定的政策启示意义：（1）流动人口的身份归属是解

决该群体城市融合和提升我国消费水平的切入点。要从流动市民化的主观认同感出发，在评估流动人口是愿意选择返乡务工还是选择进城市民化的基础上判断城镇化的现状和未来趋势，进而采取合理的城市福利设施规划和供应措施，合理有序地引导这部分群体实现身份转变。（2）政府应完善流动人口的社会保障体系建设，农村宅基地规划和管理可以作为引导流动人口合理消费的重要突破口。要进一步加强农村宅基地流转和城市住房体系的互动机制，使务工群体在城市实现稳定的工作和住所，从而为该群体实现消费结构和消费方式的合理转变提供制度保障。

第六章

城市规模视角下流动人口的购房意愿

目前我国外来务工人员的住房保障面临着住房保障政策覆盖面不宽，保障住房设计不合理，附属配套设施差等问题。新型城镇化背景下，越来越多的农村剩余劳动力流向城市，研究流动人口的住房保障问题有重要的现实意义。《国家新型城镇化规划（2014～2020年）》明确提出要“推进大约一亿具备条件、也有意愿的农业转移人口落户各类城市和城镇”。如何促进农业转移人口市民化、实现进城务工人员安居乐业是推进新型城镇化的重要路径，也是我国城市经济和社会稳定发展的重要基础。近年来，中国房地产市场出现了一线城市房价高涨、三四线城市去库存压力大的分化现象，流动人口在城市购房问题引起了社会各界的关注和讨论。然而作为城市的“夹心层”，进城务工群体面临着工作、收入不稳定以及社会保障体系不完善等诸多问题。因此，从外来流动人口的主观购房意愿及特征视角研究住房问题至关重要。

第一节

城市规模与人口流动

人口流动受到城市拉力、农村推力、阻力和能力机制的综合作用（刘程，2018）。国内外关于人口迁移行为的研究比较丰富，影响因素可以归纳为：个体特征、家庭特征、经济因素等方面（Stein，1885；Stark，1978；王桂新和胡健，2015；盛亦男，2016；马忠东，2019）。此外，学者从制度层面认为户籍制度对劳动力迁居有显著的负向约束力（李强，2003；Zhang and Tao，2012；杨菊华，2015；王桂新，2019）。户籍制度歧视减少了移民的就业机会，增加了求职成本和失业成本（Zhang，2010），使城市外来流动人口难以转化为定居人口（魏立华和阎小培，2005）。流动人口的迁移行为受到个体、家庭、经济、户籍制度等诸多因素的影响，但这些因素的前提是空间均质性，忽视了影响迁移行为的空间相互效应及空间异质性假定（连蕾，2016；张晓旭和冯宗宪，2018）。传统人口经济学关于劳动力迁移理论，前提假设是经济规模报酬不变。以克鲁格曼等为代表的新经济地理学理论建立的"中心—外围"模型突破古典经济学理论中的规模报酬不变等理论假设（Krugman，1991；Fujita et al.，1999；Puga，1999），为解释劳动力流向大城市提供了更加符合实际的理论机制（余运江，2015）。

（1）城市规模对劳动力工资水平的影响。城市的规模经济效应有利于提高劳动力就业概率和实际工资水平，城市工资溢价进一步导致劳动力选择大城市流动（Moretti，2004；段成荣，2009；Glaeser et al.，2011；Fu and Liao，2012；高虹，2014；童玉芬，2016；韩旭等，2018）。城市规模经济效应和拥挤效应的相互作用，使城市规模与城市劳动生产率之间呈倒"U"形关系（陆铭等，2012；Chen and Zhou，2017；Ciccone，2002；Glaeser and Resseger，2010）。其中的机制也可总结为：更好的投入品分享、更好的生产要素匹配以及更多的学习机会。进一步，考虑流动人口的内部分化（刘传江，2010；魏下海等，2016），城市集聚效应对高技能劳动力产生更强的影响（Bacolod et al.，2009；Combes et al.，2011）。学者刘学军和赵耀辉（2009）考虑了本地劳动力的异质性，但未区分移民的异质性。

（2）城市居住成本与劳动力迁移。国外学者 Helpman（1998）较早开始研究房价对人口流动的影响。随后，Potepan（1994）、Jeanty（2010）和 Saiz（2007）等通过控制人口因素对住房价格的影响，验证了当住房价格过高时，会对该区域人口的迁移意愿形成负面影响。同时，受城市拥堵效应的影响，劳动力流入后又会推动该地区房价继续上涨（Wang et al.，2017）。学者对中国住房成本与迁移行为也有研究，如董昕（2016）认为中国住房价格抑制流动人口持久性居留意愿，但租房价格的抑制作用还不显著。获得正式住房有助于促进城市定居意愿（Liu et al.，2017），高技能无房劳动力其居住决策取决于房价、工资水平和外部环境的均衡，而低技能劳动力更注重工资水平，对高房价不敏感（周颖刚等，2019）。

（3）城市等级与公共服务。流动人口的居留决策与流入地的公共服务诉求密切相关（刘涛等，2019）。国外学者 Tiebout（1956）最早提出居民偏好选择公共服务水平更高的社区居住的观点，并将其概括为“用脚投票”规则。城市舒适度等综合性因素也日益成为劳动力定居地选择的重要决定因素（Glaeser and Gottlieb，2006；Buch et al.，2014；段成荣等，2019；张亚丽，2019；刘传江等，2004；孙伟增等，2019）。在“用脚投票”机制下，城市公共服务水平越高，流动人口的永久迁移意愿越强（夏怡然、陆铭，2015；王桂新、胡健，2015；黄燕芬、张超，2018；刘金凤、魏后凯，2019）。而公共服务水平与城市规模密切相关，城市等级越高，享受的资源配置和制度性优惠越多（Henderson，2010；魏后凯，2014；Chan and Wan，2018）。

（4）城市规模与定居意愿的相关研究。流动人口定居具有城市分层、分阶段特征。其定居意愿和户籍迁移意愿存在显著的大城市偏好和省内城市偏好，中小城市对流动人口缺乏足够的吸引力（孙中伟，2015；Xing and Zhang，2017；林李月、朱宇，2019）。考虑到家庭迁移，大城市中的农民工核心家庭更容易实现团聚，其次是中小城市及城镇，最后是特大及以上城市（谷莎菲、白萌，2018）。除城市福利外，大城市可以满足消费者尤其是高技能劳动力对于产品多样化、文体娱乐多样化的消费需求（Glaeser et al.，2001；Duranton and Puga，2001），并且大城市容易吸引更多有技术的劳动（Glaeser et al.，2010）。而中国超级大城市由于高房价和住房负担，拥挤效应大于规模效应，导致城市对高技能人才的吸引力在下降（Chen et al.，2019）。

第二节

流动人口的居住特征

目前学者对外来流动人口的住房研究主要集中在居住特征、购房意愿、购房行为的影响因素以及返乡自建房等方面。（1）居住特征。目前农民工居住形式以租房为主，在城市实现永久定居（已购住房）的农民工还占少数（陈春等，2011）。由于经济收入水平的限制和城乡二元结构的住房保障体系，农民工住房问题兼具政府“失灵”和市场“失灵”的特征。大部分农民工往往徘徊在城市商品房市场和城镇住房保障体系之外，而通过单位租房和厂棚解决居住问题（程荫等，2012）。（2）从农民工主观购房意愿出发，研究住房行为与留城意愿相关性的研究较多（郑思齐等，2011），但研究城市定居意愿与实现农民工在城市长久定居还是有所区别的，前者强调农民工基于不同条件的主观意愿，后者往往有稳定的自购或保障性住房。目前，国内外学者多集中在城市工作所在地购房意愿的影响因素研究（韩俊强，2013），尤其关注新生代外来流动人口群体购房意愿的影响（黄造玉，2015；程荫等，2012），由于新生代农民工在城市化进程中呈现出扎根在城市的强烈期望，往往具有较高的购房意愿。（3）影响农民工住房选择的因素可以归纳为制度因素、市场因素和个体特征。制度方面涉及户籍制度、城镇住房保障体系等。农民工在住房市场上的支付能力不足成为研究农民工住房问题的核心。目前由于学界对购房行为的消费和投资功能无法明确区分（郑思齐等，2011），学者对收入与购房的关系没有形成统一定论。采用的收入指标大多是当期收入，涉及的有个体月收入、家庭月收入和家庭年收入等。其中有些学者认为月收入对购房存在正影响，即流动农民工的月收入越高，对异地购房倾向的拉力作用越明显（刘成斌等，2015）；由于不同家庭收入的支付能力和购房风险会有所不同，低收入家庭由于经济能力有限，购房能力和购房风险要大于高收入者，因此对于不同家庭收入的购房行为应该进行分类讨论（李爱华等，2006；郑思齐等，2005）。其中，高于4000元的大多有购房意愿，而月收入低于4000元的无购房意愿的占多数（程萌等，2012）；还有学者论证得出家庭年收入对务工地购房意愿没有显著的影响（张新民，2012）。推进城镇化的优选之路是“常住化城镇化”，随着户籍制度的推进，附属在户籍制度背后的城市公共福利设施更值得关注（张翼，2011）。除制度因素和个人特征外，市场因素也对农民工住房选择发挥着重要作用（董昕等，2014）。（4）除进城购房行为外，有些学者分析了外来流动人口返乡自建房的主要原因（刘燕等，2015；明娟等，2014）。外来流动人口“回流自建住房、异地购房、就地购房”的三元概念将逐渐替代传统的城乡二元结构概念。此外，我国外来流动人口购房行为还表现出明显的区域差异化特征（董昕等，2014；刘成斌等，2015；吕萍等，2012）。

综观国内外探讨流动人口城镇化的研究文献，主要存在两个方面有待完善：（1）文献多集中在购房特征及影响因素分析，而从城市规模角度分析全国流动人口的购房意愿特征及其影响因素还很少涉及。而我国处于城镇化的重要时期，一线城市和二三线城市的城市规划目标存在显著不同，因此从城市规模角度考虑农民工购房的异质性是极其重要的。（2）除个别文献（刘成斌等，2015）采用“城乡三元”思维分析农民工城镇化问题外，现有研究对农民工城镇化的不同路径没有进行区分，大多单独分析农民工返乡自建房或者将农民工务工地购房一概而论，而没有针对不同务工形式（如本市流动、省内跨市流动、跨省流动等）的购房行为进行区分。基于此，本章在上述文献的基础上，采用2014年全国流动人口的统计数据，基于外来流动人口主观购房意愿，从城市规模的异质性角度对我国流动人口的购房行为及影响因素进行系统分析，并对跨地域的空间流动形式进行了区分，试图以此为实现我国流动人口的常居城镇化提供可行有效的决策依据。

第三节

流动人口购房意愿及影响因素研究

（一）数据描述与模型构建

本章主要采用国家人口和计划生育委员会提供的2014年全国流动人口动态监测调查数据。该数据以“在现流入地居住一个月及以上、户口为非本区（县、市）、调查时点年龄在15～59周岁的流入人口”为调查对象，采取分层、多阶段、与规模成比例的PPS方法进行抽样。涉及的城市有北京市、青岛市、厦门市、嘉兴市、深圳市、中山市、郑州市、成都市。

变量解释。根据调查问卷设置，将流动人口的购房意愿归纳为五大类：

（1）户籍地自建；（2）户籍所在地的县（市、区）或乡镇购房；（3）回户籍所在地的省会城市购房；（4）工作所在地购房；（5）没有打算买房。通过对该数据七个省份和八个城市数据的整理，共得到家庭样本数15999个。排除不符合研究的样本，最终本章采用的家庭样本数为15188个。统计数据显示，在总样本中，没有购房意愿的群体占大多数，比例为57.5%。其中购房意愿不清楚的占33.8%，计划回老家自建房的比例为23.7%。而对于由购房计划的群体，购房所在地也存在很大的分化。其中计划在工作地购房的群体占28.8%，其次是老家县、镇和市区购房，比例为13.0%。比例最小的是在老家省会城市购房群体（见表6－1）。

表6－1　　外来流动人口购房意愿统计

购房意愿	返乡自建	老家县镇、市	老家省会城市	工作地	不清楚	合计
样本数	3597	1973	112	4373	5133	15188
比重（%）	23.7	13.0	0.7	28.8	33.8	100

模型构建。根据前面的数据统计，进城务工人员的住房意愿可以分为回老家自建房、购房及不清楚等情况。其中购房选择可进一步分为返乡购房和工作地购房两类。由于涉及二元选择问题，本章采用二元Logit模型对影响外来流动人口的购房意愿因素进行建模和实证研究。根据调查问卷变量的设定，本章构建的计量模型构建如下：

$$pr(y_i=1 \mid x_i)=E(y_i \mid X)=\frac{\exp(x'\beta)}{1+\exp(x'\beta)} \tag{6-1}$$

$$y_i=\begin{cases}1, y_i^*>0\\0, y_i^*\leqslant 0\end{cases} \tag{6-2}$$

$$Y^*=\alpha+\beta X+\varepsilon \tag{6-3}$$

其中，X涉及户主的人口学变量（年龄、年龄平方、婚姻状况、性别等）、户主人力资本变量（受教育水平、流动迁移经历）、工作特征（职业特征、合同性质、行业等）、小孩是否随迁、配偶是否随迁、住房公积金参与、空间流动方式（跨省流动、省内流动、市内流动）、迁入的城市规模等。

（二）流动人口的购房意愿特征

购房意愿反映了流动人口的定居地意愿。按照流动人口购房意愿的所在地分布，将问卷中五类住房行为归纳为就地买房、回流买房（建房）和没有打算三类。根据2014年全国流动人口数据分析，外来流动人口进城后，购房意愿方式呈现多元化。统计显示，外来流动人口不打算买房的比重最高，占总人数的37.4%；其次是选择返乡购房或自建房，比重为33.8%；选择在工作地购房的人数最低，比重为28.8%。针对返乡购房的外来流动人口群体，其购房地域的选择也出现很大的地区差异化。其中打算在老家县城（镇）或市区买房的占了决定性比重，比例高达94.6%。可见，对于外出务工回流的群体，其购房意愿分化已经相当明显。

购房行为在不同城市中呈现异质性。调查的城市包括一线城市（北京、深圳）；省会（辖）城市（郑州、成都、青岛、厦门）；其他城市（嘉兴、中山）。对比不同城市规模中外来流动人口的购房行为，可以发现：(1) 对于一线特大城市，如北京和深圳，外来流动人口回家自建房的比重最高，分别为44%和45%，而老家购房和在工作地购房的比例相差不大；(2) 针对郑州、成都、青岛和厦门等这些省会城市和省直辖市，外来流动人口购房行为分化现象非常明显，其中打算在工作地买房的比重均超过一半，分别为59%、54%和70%，而返乡自建房和购房的比例相差不大；(3) 在地级市中，如中山和嘉兴，外来流动人口购房行为最明显的特征是返乡购房的比重最低，而回老家自购房和在当地买房的差异不太显著。这一现象为我国各地级市去库存压力提供了积极信号。同时研究表明，对于打算在当地购房的外来流动人口群体住房公积金的参与率仅为9.4%，有接近九成的外来流动人口在购房时会面临长期还房贷压力。这不仅会对外来流动人口消费行为产生压制，还不利于外来流动人口市民化的长期稳定性（见图6-1）。

此外，为了解释购房意愿与大城市人口流入现象的不匹配，本章将购房意愿与市民化意愿进行了对比分析，结果发现外来流动人口户口迁移意愿与购房意愿在城市规模方面存在显著的差异。对于一线特大城市北京市来讲，当被问及如果政策允许是否愿意将户口迁移到本地，有将近 81.7% 的外来流动人口表示愿意迁入户口（见图 6－2）。而另一明显的现象是，在其他省会城市，外来流动人口的市民化意愿却相反，这些城市均有超过一半以上的外来流动人口表示不愿意将户口迁移到工作处。这说明外来流动人口市民化的地区差异化相当明显，单纯的城市户口并不足以吸引外来

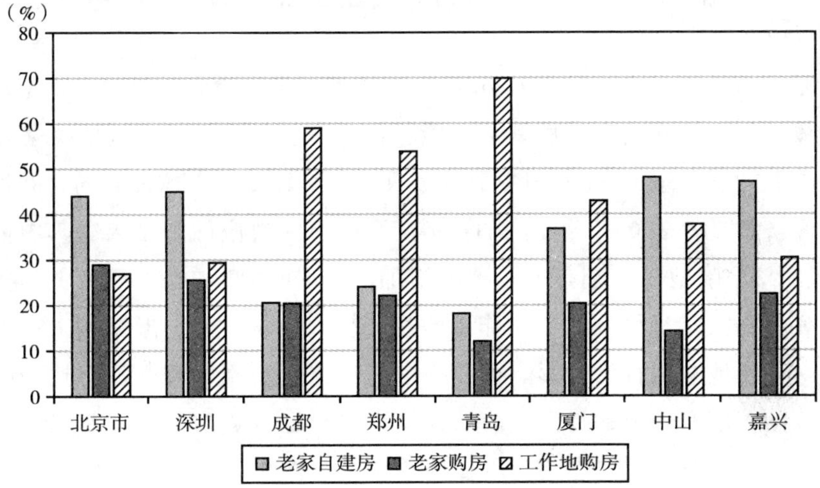

图 6－1　外来流动人口购房意愿分析

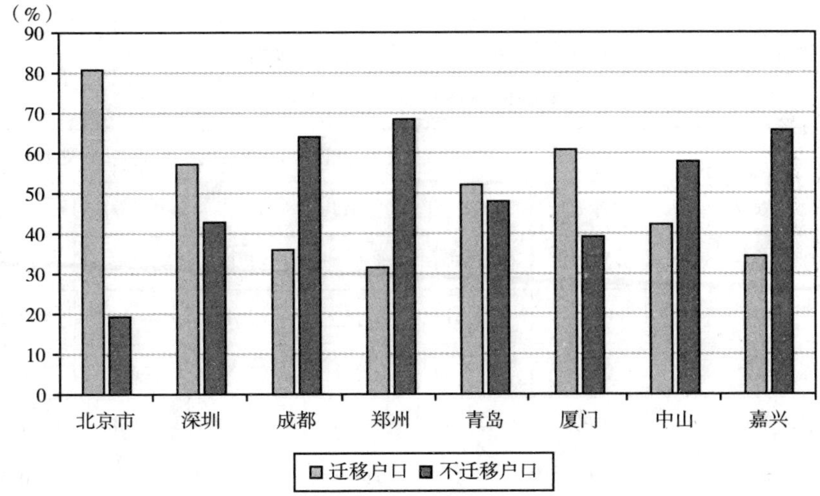

图 6－2　外来流动人口户口迁移意愿分析

流动人口定居城市实现城市化，户口背后隐含的户口福利才是外来流动人口市民化过程中关心的主要原因。所以针对外来流动人口就地城镇化路径，如何将外来流动人口的社会保障体系与城镇居民系统化还值得重点探讨。

（三）流动人口购房意愿的影响因素分析

基于总样本，本章采用Logit回归方法进一步检验影响流动人口工作地购房概率的各因素效应。模型卡方检验统计量显示p为0，说明上述模型都是有效的。由于Logit回归中的系数只表示解释变量影响的方向，并没有任何经济意义，表6－2给出了Logit模型的边际效应回归结果。其中模型1、模型2、模型3分别是变量逐渐增加的Logit回归结果。模型1的实证结果显示，家庭月均收入对工作地购房产生显著的“U”形影响。这说明收入对工作地购房行为的影响存在一个临界点。当家庭收入没有达到临界点时，随着家庭收入的提升，流动人口会选择返乡购房。而只有当收入提高到一定程度时，收入才会对工作地购房行为产生显著的正影响。然而收入的影响并不稳健，随着城市融合因素以及流动范围等变量的控制，收入对购房的影响变得不显著，具体结果见表6－2。

表6－2　城市外来流动人口工作地购房概率的影响因素分析（Logit回归）

主要变量	模型1		模型2		模型3	
	边际效应	Z值	边际效应	Z值	边际效应	Z值
家庭月均收入（对数）	−2.133*	(−1.79)	−2.253*	(−1.87)	−1.945	(−1.57)
收入对数的平方	0.159**	(2.31)	0.167**	(2.40)	0.153**	(2.14)
有住房公积金	0.204*	(1.70)	0.221*	(1.80)	0.193***	(0.44)
配偶随迁务工	−0.097	(−1.05)	−0.100	(−1.07)	−0.098	(−1.57)
家庭儿童数	0.020	(0.34)	0.049	(0.80)	0.022	(0.36)
老家耕地对数	−0.048	(−1.27)	−0.019	(−0.50)	0.017	(0.44)

续表

主要变量	模型 1		模型 2		模型 3	
	边际效应	Z 值	边际效应	Z 值	边际效应	Z 值
二线城市	1.668***	(17.98)	1.601***	(16.62)	1.095***	(9.95)
三线城市	0.970***	(8.99)	0.967***	(8.75)	1.025***	(9.14)
自认为边缘人			0.896***	(8.94)	0.881***	(8.66)
自认为城市人			1.091***	(7.41)	1.073***	(7.24)
邻居为混住			0.240***	(3.09)	0.217***	(2.76)
邻居为本地人			0.228**	(2.39)	0.193**	(2.00)
省内市流动					0.898***	(9.80)
市内跨县流动					0.568***	(3.22)
常数项	3.556	(0.69)	3.661	(0.71)	2.060	(0.39)
样本数	4607		4607		4607	
Pseudo R^2	0.1130		0.1391		0.1555	

注：身份认同的基本组是自认为老家人群体；邻居类型基本组是邻居为外地人；空间流动方式基本组为跨省流动；括号内数据为标准误；*、**、*** 分别表示在 10%、5%、1% 水平上显著。

户主拥有住房公积金对工作地购房概率产生显著的正影响。这不难理解，由于流动人口工作和收入的不稳定性，决定了他们在贷款买房时面临较大的支出风险。而完善的住房公积金制度可以为购房还贷提供一定程度的后期保障。然而现实中，流动人口的住房公积金覆盖面十分有限。前面统计数据显示，对于打算在当地购房的外来流动人口群体住房公积金的参与率仅为 9.4%，相对于养老保险和医疗保险，住房公积金制度作为社会保障体系的重要组成成分往往被当地政府忽略。2014 年 7 月 30 日召开的国务院常务会议曾提出，将住房保障和公积金制度实施范围逐步扩大到外来流动人口。因此，如何完善外来流动人口的住房保障体系，还需要当地政府积极配合社会保障体系建设。

外来流动人口在城市的融合因素可能会影响当地购房意愿，因此本章在模型2中控制住流动人口在工作地的身份认同及邻居居住类型等因素。实证结果显示，这两个因素都对工作地购房概率产生显著正影响。其中，自我评价是城市人的外来人口要比自认为是老家人的群体当地购房概率高出1.091个百分点。对于身份认同处于边缘化的群体，即既不认同是老家人也不认同是城市人（或自我感觉既是老家人又是城市人）。他们在当地的购房意愿也比自认为是老家人的群体显著高出0.896个百分点。这说明在收入水平一定的情况下，城乡户籍制度改革的推进对流动人口工作地购房起着重要影响。该群体在城市的归属感会影响他们是否选择在城市安居乐业。同时，在工作地居住的邻居类型也会对购房行为产生显著正影响。这说明当地和外地融合的居住环境可以让流动人口接受到更加多元化的城市文化，从而增强他们在城市落根的认同感。

城市规模对流动人口当地购房意愿的影响呈倒“U”形的显著影响。模型1的样本回归系数显示，迁入地为二线城市的系数为1.668，三线城市为0.970，并且均在1%水平上显著。即，相比北京、深圳等一线城市，流入二线城市的流动人口当地购房可能性最高，其次是三线城市。二线城市和三线城市的外来流动人口在工作地的购房概率分别比一线城市提高了1.668个和0.970个百分点。从模型2到模型3，分别控制住城市融合因素和流动模式，实证结果显示，城市规模因素对工作地购房意愿的影响系数会有所变小，这说明若在分析购房意愿时，遗漏了城市融合如身份认同、邻居居住类型等这些控制变量，城市规模对工作地购房意愿的影响将会被高估。而二线城市和三线城市的边际效应系数仍然在1%的水平上显著，说明在控制住这些变量时，流入城市的规模对当地购房意愿依然具有显著正影响。

（四）城市规模与流动人口工作地购房意愿研究

考虑到外来流动人口在工作地购房意愿因城市规模的不同而有显著差异，本章将总样本按照城市规模分为一线城市、二线城市和三线城市。表6-3实证结果显示，在户主个人特征因素中，除年龄外，教育水平、婚姻状况对工作地购房没有显著影响。将影响户主是否选择在工作地购房的因素分为：经济因素、家庭因素和工作地融入因素。通过分析可以看出，工作地融入因素中工作地迁入时间、自我身份认同、邻居居住类型以及空间流动方式等四个变量都对工作地购房行为产生了显著影响，而家庭因素中的家庭儿童数、老家耕地面积等因素对流动人口是否决定在工作地购房并没有产生显著影响。具体分析如下：

在经济因素中，家庭收入水平会直接影响户主的购房行为。实证结果显示，在一线城市和三线城市，家庭月均收入对工作地购房概率影响呈显著“U”形。由于流动人口的购房行为在工作地和老家选择，这一结果可解释为：随着收入水平的提升，外来流动人口会倾向于返乡购房。当收入达到一定水平时，流动人口的购房地会发生变化，选择工作地购房的概率会不断增加。由于在房地产市场中，住房公积金体系与购房行为密切相关，本章在收入效应的基础上进一步对住房公积金的作用做了分析。结果显示，在不同城市规模，住房公积金对工作地购房概率均产生显著的正影响。其中三线城市住房公积金对工作地购房概率影响最大，相比没有住房公积金的群体，参与公积金的流动人口工作地购房概率提高约 0.918 个百分点。然而现实中，我国外来流动人口参与住房公积金系统的比重却非常低，仅为 9.4%。据 2015 年全国住房城乡建设工作会议指示，2016 年全国将进一步推动住房公积金改革，积极推进各大城市，尤其是三线城市外来流动人口和个体工商户的住房公积金体系，将对我国流动人口在商品房市场的购房行为提供更加完善的社会保障机制。

家庭因素对购房行为没有产生显著的影响。无论是北京、深圳等一线特大城市，还是中山、嘉兴等三线城市，家庭耕地面积对是否在工作地购房不会产生显著的影响。这可能与新生代外来流动人口务农意识减弱有关。据样本统计，家庭户主的平均年龄约为 32 岁。这些群体大多是“75 后”，不同于老一辈外来流动人口，年轻一代务工群体对耕地并没有深厚的土地情节，因此家庭耕地面积对他们是否定居在工作地并没有显著的阻碍作用。从中国的城镇化趋势来看，农村剩余劳动力转向城镇地区务工已成为近几十年经济发展的重要推动力之一。随之出现的是一系列农村亟待解决的问题，如农村耕地的荒废、农村留守儿童的教育等。因此，在解决务工群体工作地安居乐业的同时，如何从外来流动人口的主观意愿出发，解决好迁出地的一系列农村问题显得特别重要。

工作地的城市融合因素对当地购房行为产生显著的正影响。(1)务工群体在工作地打工时间越长，越倾向于在工作地购房，这一结论也符合常理推断。其中，三线城市的影响系数最高，当工作时间增加一年时，工作地购房概率会增加0.07个百分点。(2)无论城市规模大小，流动人口身份认同都对工作地购房有显著的正影响。相比自认为是老家人的群体，对身份定位模糊的群体在三线城市购房的概率最高。而自认为是城市人的群体，倾向于购房的工作地依次为一线城市、三线城市和二线城市。这说明，在经济因素和家庭外在因素一定的情况下，工作地的城市融合因素对务工人员选择工作地安居乐业起到显著的引导和推动作用。对于边缘群体，城市规模越小，越倾向于在工作地购房，而对于已经融合城市生活的群体，在三线城市和一线城市购房的概率要高于二线城市。(3)邻居居住类型的影响在不同规模的城市也存在显著差异。在三线城市，相比邻居主要为外地人的群体，当流动人口的邻居为混住或主要为本地人时，他们在当地购房的概率都会显著提高。(4)流动模式对工作地购房概率的影响在不同城市也存在差异性。其中相比跨省流动，市内跨县流动群体在二线城市购房概率有显著提高，而这一影响在三线城市并不显著。

表6-3　城市规模与流动人口工作地购房行为分析

变量	一线城市（北京、深圳）		二线城市（郑州、成都、青岛、厦门）		三线城市（中山、嘉兴）	
	边际效应	Z值	边际效应	Z值	边际效应	Z值
经济因素						
家庭月收入（对数）	-6.760**	(-2.47)	1.065	(0.68)	-14.70***	(-2.85)
收入对数的平方	0.432***	(2.78)	-0.0248	(-0.27)	0.866***	(2.91)
有住房公积金	0.718***	(3.02)	0.268***	(2.77)	0.918**	(2.23)
家庭因素						
配偶随迁务工	0.323	(1.47)	-0.256**	(-2.05)	-0.211	(-0.97)

续表

变量	一线城市（北京、深圳）		二线城市（郑州、成都、青岛、厦门）		三线城市（中山、嘉兴）	
	边际效应	Z值	边际效应	Z值	边际效应	Z值
家庭儿童数	0.222	(1.54)	-0.0449	(-0.51)	0.0363	(0.28)
老家耕地对数	0.0358	(0.43)	0.0807	(1.46)	0.0143	(0.18)
工作地融合因素						
工作地工作时间	0.0494**	(2.46)	0.0472***	(3.52)	0.0703***	(3.98)
自认为边缘人	0.711***	(5.25)	0.750***	(3.39)	1.457***	(5.74)
自认为城市	1.940***	(4.89)	0.819***	(4.56)	1.345***	(3.71)
邻居为混住	0.197	(1.05)	0.305***	(2.77)	0.288*	(1.81)
邻居为本地人	-0.193	(-0.68)	0.181	(1.50)	0.711***	(2.77)
省内跨市流动	1.112***	(4.80)	0.811***	(7.07)	1.090***	(4.15)
市内跨县流动			0.558***	(2.89)	-0.428	(-0.46)
常数项	22.22*	(1.85)	-8.908	(-1.35)	58.44***	(2.63)
样本数	795		2848		964	

注：身份认同的基本组是自认为老家人群体；邻居类型基本组是邻居为外地人；空间流动方式基本组为跨省流动；括号内数据为标准误；*、**、*** 分别表示在10%、5%、1%水平上显著。

推进以“人”为核心的新型城镇化，研究进城务工群体的主观购房意愿至关重要。通过分析外来流动人口的购房意愿特征及影响因素，本章主要得出以下结论：(1) 外来流动人口购房意愿在不同城市中呈现异质性。对于一线特大城市，如北京和深圳，外来流动人口回家自建房的比重最高；而郑州、成都、青岛、厦门等二线城市，外来流动人口打算在工作地买房的比重均超过一半。(2) 影响外来流动人口工作地购房意愿的因素可归纳为经济因素、家庭因素以及城市融合因素。除家庭因素外，经济因素和城市融合因素均对流动人口工作地购房概率产生显著影响。其中家庭月均收入对工作地购房产生显著“U”形影响。但收入的影响并不稳健，随着城市融合因素以及流动范围等变量的控制，收入对购房的影响不再显著。(3) 外来流动人口在城市的融合因素，如流动人口在工作地的身份认同和邻居居住类型都对工作地购房概率产生显著正影响。(4) 城市规模对流动人口当地购房意愿的影响呈倒“U”形。相比北京、深圳等一线城市，流入二线城市的流动人口在当地购房可能性最高，其次是三线城市。这说明，要合理解决外来流动人口在城市的安居问题，不宜采取“一刀切”的方式，而应根据城市规模特征和流动人口的主观住房意愿，分类别、分步骤地引导流动人口逐步定居实现市民化。除经济因素外，流动人口在工作地的融合问题不容忽视。一方面，在推进全国户籍制度改革的基础上，应不断加强流动人口在城市的身份定位和认同感；另一方面，应在全国不同城市快速搭建包括住房公积金在内的社会保障体系，不断引导和促进流动人口在工作地实现安居乐业。

第七章

流动人口中青年群体的住房保障研究

——以上海市为例

“致天下之治者在人才”。目前中国正处在经济发展方式由高速度向高质量转变的关键期，如何培育、吸引和留住青年群体，成为国家和各地方政府关注的重点（周怀康等，2019；陈立中等，2020；古恒宇、沈体雁，2021）。“十四五”规划文件中强调坚持创新驱动发展战略要激发人才创新活力。城市创新的重要优势在于人才的集聚（唐代盛等，2019），人才要素实现自由流动和有效配置，其稳定的居住环境是发挥城市创新与活力的最根本保障（陈斌开，2016）。然而近年来房价的快速增长不仅通过要素投入的挤出效应以及要素成本的推高效应直接制约城市创新，而且通过产业结构效应阻碍了人才的合理流动（朱晨，2018；庞晓波、邢戬，2012）。根据国家统计局公布的数据测算，1998～2019 年，全国商品房平均销售价格上涨约 4.2 倍。2020 年北京、深圳、上海等城市房价收入均超过 35[①]。在房价增幅远超工资增长的情况下，房价如何影响青年群体的城市迁居决策？现有住房体系如何保障青年群体的住房权益？这些民生问题的解决不仅是实现人才安居乐业的前提，也是发挥城市创新的关键。上海要建设具有全球影响力的科技创新中心，青年人才应成为城市的创新主体。但由于近几年来上海急速上涨的高房价（租金）使青年群体的安居乐

① 数据来源于 NOMBEO 国际房价统计数据库。

业遇到很大挑战。不少青年群体因此沦为“蚁族”，甚至选择逃离北上广，开始向江浙一带流动。青年群体的流出效应无疑会对上海的城市创新与长远发展产生不利影响。因此，如何解决高房价背景下上海青年群体的住房困难问题是上海实现创新驱动与转型发展的基本前提。

第一节

城市居住成本与劳动力迁移

高昂的居住成本对劳动力产生挤出效应已经得到学者的系统论证（Gordon Hughes，1981；郝静，2008；Wilner P.，2010；董昕，2016；张传勇，2016；毛丰付，2016）。国外学者 Helpman（1998）较早开始研究房价对人口流动的影响。随后，Potepan（1994）、Saiz（2007）和 Jeanty（2010）等通过控制人口因素对住房价格的影响，验证了当住房价格过高时，会对该区域人口的迁移意愿形成负面影响。邓国营和冯倩（2020）则进一步分析了房价收入比的上升也会显著地抑制人口净流入。然而现实中我国高房价并没有阻碍劳动力的持续流入，原因是高房价附带的城市集聚效应，也会对人口产生吸引力（刘志伟，2013；黎嘉辉，2019）。张莉等（2017）基于微观数据验证了房价对劳动力流动存在倒“U”形影响。城市的集聚效应有利于提高劳动力就业概率和实际工资水平，工资溢价导致劳动力选择高房价大城市流动（Moretti，2004；段成荣，2009；Glaeser et al.，2011；Fu and Liao，2012；高虹，2014；童玉芬，2016；韩旭等，2018；张波、丁金宏，2019）。此外，国内学者对我国住房成本与定居行为也有研究，例如，董昕（2016）认为我国住房价格抑制流动人口持久性居留意愿但租房价格的抑制作用还不显著，并且获得正式住房有助于促进城市定居意愿（Liu et al.，2017）。

而青年群体在住房需求上表现出购房能力差、社区融入程度低以及主观评价满意度中等水平的特征（赵文聘，2014；肖昕茹等，2010）。其中青年白领群体的住房需求以刚性需求为主，改善需求强烈。以我国“985”高校毕业生为例，该群体仅有 21% 的群体拥有自己的私有住房，租住商品房的群体占 62%（朱迪，2012）。解决人才住房难问题，学者聚焦于“平供需”和“降成本”两个方面。其中降低住房成本的目的是实现更高水平的供需平衡（胡吉亚，2017）。构建青年群体住房体系面临诸多困境，在欧洲，居住社区的集聚和隔离导致公共住房青年群体自我认知和城市融入存在偏差（Coles B. et al.，2000）。而我国现有住房保障制度具有两个特征：一是具有保障性质；二是保障对象有一定的局限性。由于我国住房保障体系建设起步较晚，存在保障对象定位模糊、覆盖面狭窄等方面的问题（何元斌，2010）。对于城市青年群体，住房需求既不等同于最低保障群体，同时住房又具有阶段性和过渡性。传统的住房保障体系很难将这部分群体覆盖，从而使青年群体成为市场和住房政策制度忽略的“夹心层”。

第二节

上海青年群体住房满意度分析

在上海哲社课题资助下，课题组成员通过对上海市高校、企业、产业园区等调研点发放调查问卷，针对在沪工作但具有外地户口的青年群体进行了调研。内容主要包括青年群体的人均收入、居住区域、住房特征等相关信息，以对上海青年群体住房现状及需求进行分析研究。此次调查问卷和访谈主要通过网络平台对上海市各行各业的青年群体发放问卷。为了保证问卷的有效性，确保被访者对调查问卷中问题的正确理解并做出合理答案，在正式发放调查问卷前，本次调研针对部分调查对象进行了预测试。并根据反馈意见，对调查问卷的题型和相关问题设置进行了补充修改，形成了最终版。正式调研过程中，共发放调查问卷450份，其中共有439人参与问卷填写。通过筛选，共得到有效问卷339份。通过对年龄的筛选，共得到符合研究要求的样本306个。此次问卷主要包括两个部分：一是针对目前的住房现状、可支付能力以及住房满意度进行数据调研；二是开放式问答，针对未来住房条件的提升有哪些建议。

（一）信度和效度分析

信度和效度分析是检验设计调查问卷的基础，为了使本课题报告的调查问卷有意义，本章对调查问卷进行了信度分析和效度分析。关于信度分析，目前最常用的是 Alpha 信度系数。一般信度系数位于在 0 ~ 1，若量表的信度系数在 0.9 以上，表示量表的信度非常好；如果量表的信度系数介于 0.8 ~ 0.9，表示量表的信度很好；如果量表的信度系数在 0.7 ~ 0.8，表示量表的信度可以接受。根据调查问卷问题的设置，将变量设置为三个维度：维度一，住房可支付能力；维度二，住房特征；维度三，住房满意度。利用 Stata12 计量软件，通过分析各个维度和总量的有效性后（见表 7 – 1），得出每个维度和总量表的 Alpha 信度系数均大于 0.7，说明该量表信度较好，符合问卷调查的设置要求。

表 7 – 1　　　　调查问卷的信度分析

	维度一	维度二	维度三	总量表
Cronbach's Alpha	0.7756	0.7139	0.8802	0.7757

关于效度分析，一般可分为单项与综合相关效度分析、准则效度分析和结构效度分析等几种主要分析方法。其中，学者普遍认为效度分析最理想的方法是利用因子分析测量量表或整个调查问卷的结构效度。利用 Stata 计量软件对调查问卷中的变量因子分析并进行了 Kaiser – Meyer – Olkin 检验，得出 KMO 值显著大于 0.8，说明本课题的调查问卷结构效度很好（见表 7 – 2）。

表 7 – 2　　　　调查问卷的 Kaiser – Meyer – Olkin 效度检验

KMO 值	0.8181
卡方检验	1821.69
显著性	0.0000

注：该结果表示，KMO 值在 1% 的水平上显著。

（二）上海青年群体住房特征分析

目前，上海住房政策尚无法全面覆盖住房支付能力困难的青年群体，本章通过分析现有青年群体在住房供需和住房配置等方面的现状与问题，试图从年龄结构、就业结构、收入结构、住房补贴、住房消费需求、可支付情况等方面，对青年人才的住房现状进行分析，为上海青年群体的住房需求及趋势提供依据。根据调查问卷的整理，对上海市青年群体住房的基本特征进行了统计（见表7－3）。

表7－3　　上海市青年群体住房基本特征统计结果

个人基本特征			
变量	变量解释	百分比（%）	平均值
性别	男	50.44	
	女	49.56	
年龄	（岁）		28.52
婚姻状况	未婚	57.82	
	已婚	41.59	
	离婚	0.59	
受教育水平	本科	48.97	
	硕士	36.58	
	博士	14.45	
在沪工作年限	（年）		3.88
从事行业	交通运输、仓储和邮政	2.06	
	信息传输、软件和信息技术服务	9.44	
	生物医药及化工	6.49	
	电力设备及新能源	2.36	
	水利、环境和公共设施管理	0.88	
	金融业	29.79	
	教育/培训/科研机构	16.22	
	专业服务与咨询（如财会、法律、人力资源等）	14.16	
	餐饮及生活服务业	0.29	
	批发和零售业	0.88	
	其他	17.40	

续表

个人基本特征			
变量	变量解释	百分比（%）	平均值
工作单位性质	国有企业/国有机关/事业单位	24.19	
	外资企业/中外合资企业	18.58	
	私营企业	18.88	
	其他[a]	33.04	
居住特征			
变量	变量解释	百分比（%）	平均值
住房性质	市场租赁住房	45.13	
	政府/单位提供的保障性住房	8.26	
	自购商品房	40.41	
	其他	6.19	
租期	<3 个月	11.76	
	3~6 个月	4.07	
	7 个月~1 年（含 1 年）	52.04	
	1~2 年（含 2 年）	22.17	
	>2 年	9.95	
住房模式	与家人同住	53.69	
	与同事、朋友、老乡或者其他租客等合住	26.25	
	独居	18.29	
	其他	1.77	
人均住房面积	（平方米）		27.44
每天单程通勤时间	30 分钟以内	11.50	
	31~60 分钟	22.71	
	61~90 分钟	40.71	
	>90 分钟	19.17	

注：[a] 其他类包括自主创业、合伙人和个体经营等形式。

从调研群体的个人基本特征来看，男女比例基本平衡。受访群体的平均年龄为28.5岁，这部分群体大多属于毕业后，在劳动力市场就业时间不长的群体，他们在沪工作的平均年限约为4年。从户籍状况来看，有近1/4的群体即不拥有上海市户口，也不持有上海居住证。这部分群体的户口往往因为工作的变动而保留在老家。在一线大城市，本地户籍往往会附加一定的城市基本服务，如2015年之前，公租房政策主要针对的就是拥有本地户籍的人口。直到2015年底中央经济工作会议的召开，明确表示将非户籍人口纳入到公租房的申请对象中。这部分青年群体的户籍特征可以为今后完善相应的住房配套设施提供规划参考。

住房特征方面，在市场租赁住房的群体几乎占到调研群体的一半，其次是已购商品房群体，而享受政府保障房群体的比例最低，仅为8.26%。在住房模式中，与家人同住是青年群体目前住房的最主要模式，比例占一半以上，其次是与人合租。另外，还有相当数量的群体选择自我独居的住房模式。对于租房群体，居住场所的不稳定性是他们面临的重要问题，有近70%的群体住房租赁期限在1年及以内。当房价不断上涨时，他们还会遇到种种因房租上涨导致签约的各种问题，住房租赁市场还有待进一步规范和完善。为了了解这部分群体居住地的交通便利情况，本章对每天的单程通勤时长进行了统计，结果表示，有近60%的群体每天花费在上下班的往返时间达到2个小时以上，时间大于3个小时的群体占到20%。从住房面积分析，青年群体的人均面积达到27.44平方米，稍微高出2015年统计的上海市人均居住面积24平方米①，但差别不大。

第三节

住房性质与青年群体住房满意度

根据青年群体住房性质，分为市场租赁住房、保障性住房、自购商品房和其他类四种。青年群体的住房特征归纳为三个维度：居住成本、住房质量（人均居住面积、室内配套设施和房屋质量）和小区配套设施（交通

① 数据来源“上海人均居住面积24平方米：低于全国平均水平”，《第一财经日报》2015年4月20日。

设施、小区物业水平、小区居民间的互动性和小区公共配套设施）。通过调查问卷的处理，上海市青年群体住房需求现状统计如下：

（1）针对居住成本，市场租赁群体的满意度最低，居住保障性住房的群体满意度最高。根据数据统计，市场租赁群体的月均收入在5000元以下和5000~7000元的均为25.68%，约占总体的一半。而租赁群体的月租金平均在2500元，其中2000~3500元和3500元以上的群体分别为41.89%和15.54%。高比例的房租收入比使这部分青年群体的支付成本压力过大。相比较而言，享有保障性住房的群体由于政府或单位的住房补贴，对居住成本的满意度最高。根据七分制量表，保障性住房群体对居住成本基本满意，而市场租赁住房群体对居住成本满意度较差。（2）房屋居住维度中，市场租赁群体对人均居住面积、室内配套设施以及居住房屋的质量的满意度均为最低，三个方面满意度最高的均为自购房群体。（3）对于社区配套设施，市场租赁群体在通勤市场、小区物业管理水平和小区居民间的互动性方面满意度最差。据统计，市场租赁住房的群体每天上班单程通勤时长在31~60分钟、61~90分钟分别占39.19%和23.65%。而保障性住房由于政府或单位提供，交通更为方便，有69.23%的群体上班单程时间保持在半个小时以内。可以看出，解决青年群体住房问题，提升市场租赁住房群体的住房满意度尤为关键（见表7-4）。

表7-4　　上海市青年群体住房满意度统计

		市场租赁住房	保障性住房	自购商品房	其他住房
居住成本	住房支出	2.99	5.04	4.40	4.81
	住房补贴	1.56	3.11	2.41	2.62
居住房屋满意度	人均居住面积	3.73	4.39	4.49	4.48
	室内配套设施	3.64	3.82	4.68	3.95
	居住房屋质量	3.57	4.25	4.67	3.95
社区配套设施满意度	通勤时长	3.89	5.11	4.07	4.14
	小区物业管理水平	3.67	4.68	3.87	3.86
	小区居民间的互动性	3.17	4.04	3.83	3.67
	小区的公共配套设施	4.10	3.93	4.47	4.19

在开放式问答调研部分，439 人中共有 145 人作答，其中有效问卷 115 份。只有 1 人觉得目前居住条件很满意，3 人持中立意见，剩余 111 人对目前的居住环境有不同方面的建议。可以归纳为四个方面，如表 7－5 所示。

表 7－5　　上海市青年群体居住条件调研情况

建议	具体内容
房价高（52.2%）	降低房价
	稳定房价
	增加住房补贴
	控制政府卖地
	征收房产税
	降低贷款利息
	降低物价
完善公共租赁住房建设（15.5%）	多建公租房、青年人才公寓等保障性住房
	提高公租房租赁期限
提升小区配套设施（13.0%）	注重城市规划
	社区规划更合理
	提高城郊医院质量
	提高小区物业管理水平
	完善交通
	增加小区停车位
	关注老房子改造
其他建议（15.5%）	为外来人员增加福利
	不限购
	多套房累加税、空置税
	增加土地供给、增加住宅用地供应
	发展经济行业
	购房门槛降低
	扩大精装小户型房子的数量
	提高公积金比例
没有意见（3.8%）	目前居住满意或者暂无建议

第一，房价和房租太高，可支付能力压力大。这部分群体共有60人，占全部样本的52.2%。第二，完善公租房、人才公寓、青年公寓等公共住房的建设。这部分共有18人，占总体的15.5%。其中大多建议加大对公租房、廉租房、人才公寓、青年公寓、员工公寓等公共保障性住房的建设，增加保障性住房分配比例，尤其是对刚毕业的低收入群体能有相关政策支持。对于现有公租房建设，调研涉及的问题有提高现有住房补贴、延长公租房租赁期限、保障青年群体在过渡性住房中的公租房租赁期限不稳定等问题。第三，提升目前小区的配设施，如交通、网络、物业管理水平等。这部分共有15人，占13.0%。第四，制度建设方面的建议。这部分共有18人，如政府改善外来人口与户口相关联的福利、增加土地供给、注重城市规划等。

第四节

上海市青年群体留沪意愿的影响因素

从上海市青年群体的留沪意愿数据来看，有近76%的群体未来还会继续选择留在上海工作。而有近7%的群体会选择流向上海周边的江浙地区工作，并且还有14%的群体对未来工作地的选择没有明确的想法。从前面分析可以得出，调研群体中有一半具有上海市本地户籍。未来工作地的选择是否留沪不仅与户籍、预期工作有关，住房问题也一定程度上会对未来留沪行为产生影响。通过对比市场租赁房群体和自购房群体，可以清楚地看出，是否在上海购置房产对留沪起着决定性的作用，几乎可以判断在上海已购房的群体未来基本上会选择留在上海工作。而对于目前租赁住房的群体，仅有六成的群体明确表示会继续留沪工作，有近23%的群体的未来工作地还不太明确（见表7-6）。

为了进一步分析高房价背景下，上海市青年群体的留沪意愿有哪些变化，本部分采用二元Logit模型进行了实证分析。其中，因变量为市场租赁房群体的留沪意愿（0=留沪；1=不留沪），自变量为住房居住成本的满意度指标，控制变量为青年群体的个人基本特征因素（如性别、婚姻、受教育水平、工作单位性质等）。利用Stata12统计软件，二元Logit模型的卡方检验值为54.65，并且在1%的水平上显著。实证结果显示，当控制住其他因素时，青年群体的居住成本满意度对青年群体留沪意愿有显著的正影响，即青年群体对居住成本越满意，越有可能未来留沪工作。这也进一步验证了高房价背景下，城市高涨的住房成本压力会对青年群体的流失产生显著的影响，从而影响到整个城市的创新集聚和发展活力（见表7-7）。

表7-6 上海市青年群体的留沪意愿

	留在上海（%）	江浙地区（%）	回老家（除江浙沪外地区）（%）	不确定（%）
市场租赁房群体	63.51	8.78	4.73	22.97
保障房群体	69.23	11.54	0.00	19.23
购房群体	92.86	2.68	0.89	3.57
总体	75.82	7.19	2.61	14.38

表7-7 上海市青年群体留沪意愿的二元Logit模型分析

	系数	标准差
性别（女性为基本组）	-0.154	(0.29)
年龄	0.449	(0.31)
婚姻状况（未婚为基本组）	-0.422	(0.45)
受教育水平	-0.033	(0.30)
户籍性质	-0.255	(0.16)
工作单位	-0.036	(0.12)
在沪工作年限	0.101	(0.22)
月平均收入（元）	-0.116	(0.13)
住房性质（市场租赁住房为基本组）	0.438**	(0.17)
住房模式（与家人同住为基本组）	-0.518**	(0.21)
居住成本满意度	0.164**	(0.08)
常数项	1.302	(1.592)
样本数	306	

注：括号内数据为标准误；** 表示在5%水平上显著。

第五节

国外住房保障模式经验借鉴

新加坡是东南亚地区成功解决住房问题的典范，是世界上公认的住房问题解决得最好的国家之一。安居才能乐业，无论在一线特大城市还是二三线城市，凡是具有城镇居民身份或在本地城市具有稳定工作的外地人员，尤其是刚走入社会的青年群体，都有权利享受到安稳的居住场所环境。在保障居民享有正常居住环境方面做得比较成功的国家是新加坡。因此，比较研究国外尤其是周边国家的住房保障制度，学习借鉴新加坡住房保障制度的成功经验，对于构建与完善我国的住房保障体系无疑具有重大的启示。

“居者有其屋”理念来自孙中山提出的“耕者有其田，居者有其屋”的民生思想，指凡是需要定居（居住）的人都应当获得住所（房屋）。虽然新加坡实行市场经济，住房建设则由政府管理。政府主导公共住宅的开发与建设（郭伟伟，2008），然后通过推行住房私有化计划，成功地把原属国家所有的住房“由租到售”逐步转让给个人（张琪，2009）。1964 年 2 月，新加坡政府推出了“居者有其屋”计划，实现了廉租房向家庭私有住房置业的转变。该计划主要是由政府拨出国有土地和适当征用私有土地作为建房之用，对不同收入阶层的群体，政府住房保障发挥着不同的作用。

分级提供公有住宅补贴。严格要求按家庭收入情况来确定享受住房保障水平。对于中低收入家庭，住房实行“准商品”模式，由政府投资建造社会公共住宅，然后再按优惠条件出租和出售。对于一室一套的，政府补贴 1/3；三室一套的，政府补贴 5%；四室一套的，政府不仅没有补贴，而且按成本加价 5% 收取租金。对于收入高群体通过商品住房市场实现个体居住要求。

组屋定价原则。组屋售价是由政府根据中低收入阶层的承受能力而不是靠住房建设成本来定价，因此导致售价远远低于市场价格。建屋发展局的财政亏损部分则由财政预算中直接进行划拨补贴。据统计，政府用于公共住房建设方面的年度投资总额从1987年的14亿美元增加到1990年的77亿美元，相当于1987年、1990年当年全部资本总额的21%和28%，GDP的7%和9%。而从政府开始拨款计算，至今累积的政府补助金总额已达159亿新元。因此，政府财政支撑是新加坡组屋政策得以顺利实施的重要保障。

中央公积金中制度和住房公积金制度。前者是新加坡政府推行的一项强制储蓄制度。雇主和雇员按照一定缴纳比率将公积金储蓄存放在中央公积金中，为公共住宅建设提供了充分的资金来源。1968年9月，中央公积金局推出了“公共住屋计划”，规定公积金会员可动用公积金存款购买组屋。对于新建设的组屋，会员可以动用公积金普通户头的存款支付20%的按柜金以及其余的购屋价。对于购买转售组屋，会员则可在建屋发展局委任的估价师决定的情况下，利用公积金存款来支付组屋购价或是市场价，视何者为低。在这一计划下，低收入会员可以动用其公积金普通账户的存款作为首期付款之用，不足之数由每月交纳的公积金分期支付。如果普通账户的存款不足支付，可向建屋发展局贷款，用将来的公积金来偿还。同时，1975年后，政府对中等收入家庭放开了限制。政府实施中等入息公寓计划，允许中等收入会员申请购买政府组屋。

第六节

解决上海青年群体住房问题的对策思路

（一）完善青年群体住房货币化补贴机制

调研群体普遍反映目前房价太高，涨幅过快。由于收入水平有限，工资与房价极其不匹配，导致没有能力在上海买房。房租占收入比重太高，不利于长久留在上海工作。在稳定房价、使上海房价回归到合理区间的同时，政府应适当增加住房补贴，为生活工作在上海的青年人提供一个较实惠的居住环境。即使对于已购房群体，房贷太高，每个月还贷额度占家庭可支配收入比重过大，还贷压力太大导致正常生活消费受限。一半以上的调研群体认为政府应采取有效措施，稳定房价。房价涨幅过快不仅使青年群体中贫富差距拉大，持续上涨的房价使一部分有房群体和无房群体的固定资产差距过大，这在一定程度上压制了人们对“劳有所得”理念的怀疑，甚至房价一年的涨幅相当于工作几年的劳动收入。

针对租房群体，租房群体面临的主要问题有：目前的租房价格太高，每月房租占工资的比重过高，导致日常消费很难合理支配。过高的居住成本，使年轻人很难全身心投入工作中去创新创造。部分群体甚至反映目前的房价和租房价格难以接受，若房价继续上涨，会选择回老家定居就业。居住是青年群体特别是外来人才留沪发展的基本保障。随着上海房价高涨的同时，租房价格也随之上涨。针对这部分群体住房的刚需要求，政府应采取相应措施来保障年轻人的租房问题。补贴对象不仅限于申请人才公寓的群体，政府和企事业单位也应考虑给毕业不久的青年群体提供合理的住房补贴外，使年轻人被高居住成本压制的消费活力和创造力释放出来。

（二）保障小区的公共设施建设

调研群体反映现有居住小区配套设施有待完善。调研提到的问题涉及小区内停车位、宽带网升级（如光纤到户的改造）、社区公共空间（如公园，绿色跑道）、社区配套设施（如大型购物超市、菜市场、银行等）、社区周边教育资源等相关问题。社区规划要更合理，建议尽量每个小区都配备24小时便利店。减少通勤压力是青年群体居住中面临的关键问题。尤其是居住在郊区的群体，由于开发商在前期规划中过于重视拍地投入，对周边交通设施尤其是文教卫生商业的规划投入有很大欠缺，导致城郊教育、医疗等城市基本服务资源差距较大。在完善郊区公共交通、缩短通勤时间的同时，还应加大教育卫生医疗等基础设施和公建设施改造，提高城市服务各区均等化。

此外，还有相关群体呼吁应加强对上海市老小区的改造给予重视。随着老龄化和“三孩”政策的放开，上海市青年人与父母同住的现象会日益显著，对于居住在无电梯房的公租房应加强顶层平改坡，并对有条件的小区进行电梯规划。目前，对于居住在市区的陈旧小区群体，大多建议对所居住的老房子进行翻新，加快旧区改造，以对接城市再造功能。

（三）加大公租房建设投入，提升人才公寓覆盖比例

增大公租房的供应量和覆盖范围，满足青年群体中的租房需求。可增加对公共租赁住房和青年公寓的建设投入，由政府或企事业单位来统筹规划建设人才公寓或青年公寓住房。通过调研发现，由于工作地点和通勤时长的要求，青年群体对市区公租房的需求较大。公租房的建设可以借鉴新加坡组屋的资金投入和部门监管等措施，通过规范前期投入资金渠道和统一后期监管部门，保障住房质量的同时降低住房建设成本，从而使扩大人才公寓覆盖面变得有利可行。调研发现，青年群体普遍反映上海市可供申请的青年人才公寓太少，应在加大投入人才公寓的同时，增加保障性住房分配比例，尤其是对低收入的群体有一定的优惠措施或者政策性的倾斜。

延长公共租赁住房的可租用周期。调查发现，对于申请到公租房的群体，普遍反映租赁住房的租期太短，导致这部分青年群体在未结束过渡性住房时仍面临居住不稳定等问题。因此，政府在提供公共租赁住房时，准出原则的设计应考虑到青年群体的合理租期。在调查中，有些建议可将最长租赁期限延长至10年，使政府和企业提供的公共租赁住房能保证青年人的长期租赁需求。

公租房选择多元化。青年群体由于处在住房的过渡性阶段，一方面由于收入水平有限，购买商品自住房压力过大，租房成本也占每月支出的很大比重。另一方面，随着“80后”和“90后”群体对居住水平多元化的要求，传统的公租房条件很难满足他们的切实需求。因此，政府和企事业单位在规划人才公寓和员工公寓建设时，可以立足青年群体的需求，充分考虑居住地缘位置、住房居住空间和社区公共空间的合理布局，为激发年轻人应有的活力和创新力提供全方位的优惠住房。为适应保障性住房以“租”代“售”模式的趋势，上海市政府可以结合国外住房保障模式的相

关经验，积极探索“青年人才公寓”模式。以 PPP 模式推进政府与民间资本合作建设“人才公寓”，即由政府划拨土地，吸引民间资本投资建设，形成面向青年创新创业人才、产权共有、具有保障性租赁性质的“人才公寓”。以政府为主导，企事业单位、产业园区和社会资本共同参与的方式，以及以租代售、公私合营的住房模式为解决流动人口中的青年群体住房问题提供有效路径。

第八章

我国流动人口返乡行为与就地城镇化

新常态下中国经济增长逐步放缓，宏观经济的影响使沿海地区制造业企业面临转型升级，而高居不下的劳动力成本使企业“招工难”现象严重。与此形成鲜明对比的是，内地农民工“回流”现象日益突出。尤其是近年来中国内地省份招商引资优惠政策加大，富士康、格力电器等劳动密集型产业逐步由沿海地区向中西部地区转移，产业转移成为影响农民工中西部回流的重要推动力。加上我国特有户籍制度和城市二元劳动力市场的存在，我国流动人口回流行为具有间歇性和不稳定性。如何探讨在经济“新常态”背景下，实现我国流动人口就业行为的稳定性和规范化对我国新型城镇化有序推进具有重要的现实意义。

第一节 主动返乡与被动返乡

迁移行为具有选择性。农村劳动力流动是中国农民自发寻求就业的一种经济选择（白南生等，2002）。Herzog 和 Schlottmann（1983）假设迁移者是“理性经济人”，当劳动力在市场中迁移时，为了改变收入差距，还随时调整其空间流动的迁移规模和迁移线路，因此迁移过程中往往会伴随着回流行为（Lee，1966）。目前国内外关于返乡行为成因的文献研究，归结为两个方面：主动返乡和被动返乡。学者对被动返乡，即外出务工人员在迁出地找到工作困难的认可比较统一，并认为外出最主要原因是在外地寻找工作困难（即被动返乡）（Zhao，2002；白南生等，2002），劳动力市场分割理论解释了由于市场存在分割，因而外来移民缺乏获得城市工作的机会，如 Solinger（1995）认为城市中的正规部门工作，往往会对当地城市户口、年龄和性别做出要求，对外来务工人员产生歧视。网络理论认为在迁入地，如果外来移民没有在城市形成系统的社会网络，他们就有很大可能选择返回迁出地（Orrenius，1999）。

具体到影响回流行为的因素方面，学者研究主要集中影响回流的个体特征、家庭因素和社区影响等。目前学者普遍认为我国农村劳动力中年长已婚的外出劳动力更倾向于回流（Wang and Fan，2006；Saenz and Davila，1992；Lee，1980）。白南生等（2002）利用安徽和四川两省的数据得出，回流的劳动力要比外出劳动力年长约 10 岁。Zhao（2002）将数据扩展到中国六个省份，也得出年长的劳动力更倾向于回流。对于已婚家庭来说，外迁的个体要经历与家庭子女、父母与配偶的分离，这些因素构成了决定迁移个体选择回流的拉力。

教育能提高回流的可能性。没文化个体回流的可能性为 4.1%，而高中水平的移民回流概率为 40.2%，这可能是在外地受教育程度越高的人越难找到适合自己的工作有关（Wang and Fan，2006）。此外，外出经历也对回流行为产生影响（Zhao，2002），外出劳动力外出经历比外出群体每多出 1 年，则回流的可能性就会降低 2.2%。这可以解释为外出经历越长，越能提高外出务工人员抵抗风险和解决问题的能力，更长的外出经历可以让移民积累更多的社会和经济关系。

回流的次数也会对回流行为产生负向影响。因为频繁的短期回流要比偶尔的长期回流成本更高。当迁入地的工资变低、迁移成本增加、迁入地的工资增加、迁入地投资机会增多时，这些因素都会使迁移者在城市打工的持续时间加长，而不倾向于回流（Lindstrom，1996）。

家庭因素对回流行为的影响。从人口迁移的推拉力理论分析，可以将农村外出打工是否回流归结为拉力和推力的合力结果。其中，回流的拉力主要来自家庭的分离、在农村当地找到更体面的非农工作等。回流的推力表现在城市获得报酬太低，城市的政策促使回流的决定，如子女的教育、家庭住房等方面。家庭需求是回流的一个主要正向因素。Wang 和 Fan（2006）

从家庭需求的角度分析了回流群体的选择性和回流的原因。移民在城市的制度和社会劣势会使他们在迁入地获得成功的机会降低，从而促使他们返回农村，尤其是有家庭需求时。Gmelch（1980）强调了家庭因素在回流中起着的重要作用。当家庭中父母需要照顾时，最年长子女有更大的拉力回流到迁入地照顾父母。

社区和政策因素对回流行为的影响。Lindstrom（1996）认为地区因素也会影响人们的回流行为。那些来自就业形式好、经济快速发展地区的个体，要比来自经济不景气地区的移民更能承担与家庭朋友分离的心理压力，所以那些来自经济不景气地区的移民更容易产生回流行为。除了地区因素外，Lee（1966）认为人们做出回流行为时，外界的宏观政策因素也起着一定的影响作用。外出人员虽然会对市场信号，如劳动力供给、劳动力需求和工资做出积极的反应，但是他们的决策要受到社会政策的影响。Wang 和 Fan（2006）也认为用回流人员基于人力资本选择，来判断他们回流是成功还是失败是不合理的。

综上所述，城乡务工人员的返乡行为受到多重因素的影响（白南生等，2002），但无论从家庭需求和社区因素的影响作用分析，学者都将返乡行为作为一种静止状态，而忽略了返乡行为的动态性和不稳定性。由于我国农村剩余劳动力外出就业往往是个动态选择的过程，其返乡行为也具有异质性特征。鉴于目前国内外研究从动态视角分析返乡行为的研究还不多，本章具体从短期回流和长期回流层面，针对外出务工人员返乡行为的稳定性及影响因素进行具体分析。

第二节

流动人口回流行为的稳定性

（一）数据描述

本章研究采用的数据主要来源于2008年中国城乡劳动力流动（Rural－Urban Migration in China，RUMIC）外来务工人员调查问卷。RUMIC 基于工作地点（迁出地）进行调查，2008年共有5000个外来务工家庭参与了问卷调查。问卷中涉及的信息变量包括个体人口学特征、人力资本特征、家庭特征及工作和就业信息等，为本章的研究提供了充分的数据来源。该调查数据主要在中国9个省份中的15个城市（分别是主要外贸出口城市如广州、东莞、深圳、上海、南京、无锡、杭州、宁波，城市流动重要城市如郑州、洛阳、合肥、蚌埠、重庆、武汉和成都）随机抽查。在2008年调查数据中，外来务工人员在上述15个城市进行了抽样调查。根据地理空间位置，本章将河北、江苏、浙江和广东划分为东部地区；中部地区包括安徽、河南和湖北；重庆、四川则划分为西部地区。

（二）变量界定及描述统计

针对回流是否具有稳定性，在调查的问卷中有问最近是否有外出计划。由于永久返乡在调查问卷中无法测量，本章将最近一年内有外出计划的定义为暂时回流，最近一年没有外出计划或不清楚的定义为长期返乡。根据调查问卷中问题的设置，本章将返乡流动人口定义为：2008年之前有过外出务工经验，2007年在家待的时间超过6个月的都为回流人员。根据调查问卷，最近一年内计划外出有2403个，其中打算一个月之内就外出的占78.7%，说明这些回流人员只是将回家作为循环迁移过程中一个暂时的过程。而不再打算外出的样本有1995个，不清楚是否会在1年内外出的有1773个。

除个体特征外，回流的行为可能会受到家庭因素的影响，所以在确定研究变量时，本章引入未成年子女数，6～16岁上学子女数。在分析家中父母对外出行为的影响时，有些学者还将家中65岁以上老人的个数作为控制变量，也有的用父母健康情况作为控制变量。由于在调查中，户主子女由祖父母（或外祖父母）照顾的概率为19.1%，所以为了更好地估计出家庭因素对再迁移行为的影响，本章采用了联系最紧密父母的健康状况，问卷中采用分类法，将此变量分为：非常好、好、一般、差、非常差五类。并将前三类归为健康，后两类归为不健康。

此外，在中国农村，由于新型农村养老制度还不健全，目前还主要是家庭养老模式。家庭照顾老人的重任落在家庭中的子女身上，一般作为家族中的长子/女，肩负着整个家庭中的事项决策，而照顾父母的责任虽然每位成员都有义务，但从农村养老现状的观察来看，长子/女要比最小的子女承担更大的责任。因此，本章分析回流人员是否再迁移时，假定个体在家中排名越高，与农村家族的联系越大，越不倾向于再迁移。

鉴于以上分析的研究变量，本章将外出务工人员选择回流的影响因素归纳为：个体特征（年龄、性别、婚姻）、人力资本特征（教育水平、培训经验）、就业状态、家庭特征（自己在家中排行数、家庭中儿童数、家中适龄儿童数、父母的健康情况）、地区因素等，如表 8 - 1 所示。

表 8 - 1　　　　　　　　回流群体的变量统计描述

变量	变量解释
年龄	16 ~ 65 岁
性别	1 = 男；0 = 女
婚姻	1 = 已婚；0 = 未婚
教育水平	所受的正规教育年限，不包括留级和跳级
培训	1 = 无；2 = 农业培训；3 = 非农业培训
就业状态	1 = 工资性就业；2 = 自我经营；3 = 失业
家庭中儿童数	0 ~ 6 岁子女数
家庭中适龄上学子女数	7 ~ 16 岁子女数
父母健康状况	1 = 健康；0 = 不健康
地区	1 = 东部；2 = 中部；3 = 西部

数据来源：RUMIC2008 年整理。

罗明忠（2008）通过对广东省 500 个回流农村外出务工人员的实际调查得出，约 92% 的人认为辞职回家的原因是在城市打工没有意义。而在本章调查问卷中，将近 42.9% 的回流人员中在 1 年之内有外出打算。为了更好地分析回流群体是如何做出长期回流或再外出迁移的决策，本章将两个群体的变量进行了对比分析。

从表 8 - 2 中可以看出，不打算继续外出的群体具有年龄大、已婚等个体特征，这和 Zhao（2002）得出的结论相一致。不打算继续外出群体的年龄平均要比再外出人员年龄高出近7岁。从回流的推力来解释，说明对于年纪较大的返乡群体，经历过城市生活的压力，有更大的动机留在农村从事非生产或照顾家庭。而在整个回流群体中，男性占主要比重。而在是否继续外出的决策上，男性和女性几乎没有很大的区别。婚姻在回流群体中起着重要的作用，在回流群体中，已婚个体占到了近85%以上。长期返乡的已婚比重比暂时回流的高。这说明越是已婚情况，个体越不倾向于再外出。

关于回流的教育水平，一些学者认为回流会对当地经济的发展起着促进作用，其中最重要的原因就是智力的回流。本章也证明了这一点。当地没有外出经历群体教育水平平均为7.1年，即初中一年级水平。而回流群体的平均年龄约为7.9年。暂时回流的群体平均教育水平要比长期回流的群体高，说明在回流的群体中，教育水平越高，越有再迁移的倾向。

为了解释再次外出群体的动机，本章将两个群体目前工作的平均月工资进行了对比，结果显示，长期回流的平均月工资为1290元，远远低于决定再迁移群体的1351元。这说明再次外出群体的当前工资数虽然高于长期回流群体，但远低于他们的预期收入。

表8-2　　流动人口长期回流与短期回流对比

变量	长期回流		短期回流	
	均值	标准差	均值	标准差
年龄（岁）	43.65	10.83	37.81	10.45
男性（%）	66	47	67	47
已婚（%）	93	25	82	38
教育水平（年）	7.70	2.35	8.08	2.17
培训	1.52	0.87	1.52	0.88
就业人口比例（%）	60	49	62	49
找工作时间（天）	12.59	28.03	13.97	29.29
每周工作时长（小时）	49.54	18.40	52.67	16.85
工资（元）	1290.57	931.07	1351.65	689.73
样本	1132		695	

数据来源：RUMIC2008年整理；培训保持不变，表格中均值是无培训（1）、农业培训（2）、非农业培训（3）群体的平均值，详细含义见表8-1。

（三）模型构建

模型中因变量界定为回流的移民是否是短期回流[①]，1 为短期回流，否则为 0（即长期回流）。移民的选择是个 0，1 二元选择变量。因为估计的概率必须是不小于 1，因此采用二元 Probit 模型（本章还试图采用 Logit 模型进行实证，结果相差不大）进行验证。具体模型为：

$$\text{Probit}: pr(y_i = 1 \mid x_i) = E(y_i \mid X) = \frac{1}{2\Pi}\int_{-\infty}^{x_i\beta} e^{-\frac{t^2}{2}}dt \tag{8-1}$$

假设存在潜在变量 y_i^*，实际观测值为：

$$y_i = \begin{cases} 1, & y_i^* > 0 \\ 0, & y_i^* \leqslant 0 \end{cases}; (Y_i^* = \alpha + \beta_i X_i + \varepsilon_i) \tag{8-2}$$

则，$pr(y_i = 1 \mid x_i) = 1 - \Phi\left(\frac{-\alpha - \beta_i x_i}{\sigma}\right); pr(y_i = 0 \mid x_i) = \Phi\left(\frac{-\alpha - \beta_i x_i}{\sigma}\right)$。

其中，X 指影响是否是长期迁移的一系列个体特征（年龄、性别、婚姻、教育水平）、培训经验、外出打工的城市、就业状态、家庭特征（自己在家中排行数、家庭中儿童数、家中适龄儿童数、父母的健康情况）、地区等因素。

第三节　流动人口就地城镇化的影响因素

使用 Stata 软件对影响就地城镇化的因素做实证分析。研究发现，年龄和性别在 1% 的显著水平上对短期回流行为产生显著的影响。婚姻对短期回流影响不显著。小于 6 岁的子女数对暂时回流行为没有影响，而 6 ~ 16 岁的上学适龄儿童则有显著的影响。父母健康情况不起显著作用。此外，回流移民的短期回流行为还具有显著的地区差异。

一个值得思考的问题是，非农培训对短期回流有显著的负影响。可能

---

① 对于问卷中不清楚的样本，由于其行为在未来的时间不确定，本书在研究时只涉及长期回流和暂时回流。

的原因是：对于拥有更多非农经验的人来说，技能水平越高，在当地寻求到非农工作概率就会越高。这说明提高流动人口的非农培训，可以提高这部分群体的专业技能，促进他们在当地从事非农产业工作，从而促进当地经济的发展。目前，中小城市的职业培训服务也是政府亟待重视的问题，加强返乡群体实用人才的培养，提高他们的人口整体素质，才能更好地促进返乡群体在当地城镇顺利转移就业。

由于二元 Probit 模型自身的特点，利用概率单位模型得出的系数只能帮助判断该变量对解释变量概率的影响方向，并不能解释该变量影响移民短期回流行为的程度。为了进一步了解各变量对移民短期回流的影响程度和方向，需要计算各个变量的边际贡献。即，在其他变量取均值时，该变量变动 1 个单位对某项选择的概率有多大影响。因此，本章进一步得出 Probit 模型的边际效应系数。为了更好地解释变量，本章将 LPM 模型和 Probit 模型进行对比分析[①]。

年龄对短期回流有显著的负影响，即年纪越大，越不倾向于再外出务工，这也符合之前的方向假设。当年龄增长 1 岁时，移民选择短期回流的概率会降低 0.6%。男性选择短期回流的概率显著高于女性，即，在其他条件保持不变的情况下，男性回流移民比女性回流移民选择短期回流的概率要高 15.1%。结婚虽然对再外出有负的影响，但影响不显著。一个值得思考的问题是，教育水平对再次迁移没有显著的影响。

Stark（1991）认为家庭因素在迁移中起着很重要的作用。学前年龄和处于上学年龄的子女一方面需要父母的投入时间，另一方面上学消费（包括幼儿园）又需父母承担经济负担。所以本章加入这两个变量作为影响回流人员再迁移的影响因素。按照 Zhao（2002）将家庭子女数进行划分，小于 6 岁的子女数对短期回流行为没有影响，而 6 ~ 16 岁的上学适龄儿童对短期回流有显著的正影响。在调查问卷中，有相当比例的儿童由祖父母一代照顾，这在一定程度上抵消了父母选择短期回流而再次外出的可能性。实证结果表明，家庭中 6 ~ 16 岁的子女每增加 1 个，父母选择短期回流的概率就会提高 4.6%。这是因为 6 ~ 16 岁的子女代表一个家庭的消费群体，该

① 利用 Logit 模型得出的系数差别不大，没有在书中列出。

年龄阶段的子女数越多，说明家庭的消费压力越大，父母有更大的外出倾向来获得更高的家庭预期收入，所以选择短期回流的概率会低（见表8－3）。

表8－3 流动人口短期回流的影响因素分析

变量	系数	标准差
年龄	－0.017***	(0.005)
性别	0.402***	(0.065)
婚姻	－0.079	(0.137)
教育水平	－0.011	(0.052)
农业培训	－0.114	(0.118)
非农业培训	－0.413***	(0.083)
工资工作	－0.020	(0.095)
自我雇佣	0.292***	(0.065)
小于6岁子女	－0.048	(0.042)
6～16岁子女数	0.127**	(0.040)
家中排行数	－0.035	(0.020)
父母[a]健康状况	0.036	(0.075)
东部地区	－0.740***	(0.086)
中部地区	－0.437***	(0.086)
常数项	0.713**	(0.247)
N	1965	
对数似然法	－1278.49	
伪 R^2	0.0580	

注：a. 调查问卷中涉及户主父母和配偶的父母，收集的数据是与调查者关系最近的父母情况。

数据来源：RUMIC2008年整理；***、**分别表示在1%、5%水平下显著。性别变量中，女性为基本组。婚姻变量中，已婚为基本组。

研究发现回流移民的外出意愿还具有显著的地区差异。相比西部地区的重庆和四川，东部和中部地区的移民短期的可能性更小。表8－4结果显示，来自东部地区的移民要比西部地区的移民选择短期回流的可能性高出27.8%，而中部地区也比西部地区高出16.4%。可能的原因是，相对于西部地区，东部地区如江苏、广东等省份农村非农产业发展迅速，在当地从事非农产业就可以获得很好的报酬，回流的移民会选择在当地从事非农工作。而西部地区城乡发展还存在较大差异，往往会再次选择外出以获取更高的预期收入，所以短期的回流的概率会较低。

表8－4　流动人口短期回流的Probit模型边际效应估计

	LPM		Probit	
	系数	标准差	边际效应	标准差
年龄	－0.006***	(0.002)	－0.006***	(0.002)
性别（男性＝1）	0.151***	(0.024)	0.156***	(0.025)
婚姻（已婚＝1）	－0.032	(0.051)	－0.031	(0.055)
教育水平	－0.005	(0.019)	－0.004	(0.020)
农业培训	－0.042	(0.043)	－0.044	(0.046)
非农业培训	－0.152***	(0.030)	－0.157***	(0.030)
工资工作	－0.009	(0.035)	－0.008	(0.037)
自我雇佣[a]	0.108***	(0.024)	0.115***	(0.026)
小于6岁子女	－0.017	(0.016)	－0.019	(0.017)
6～16岁子女数	0.046**	(0.014)	0.050**	(0.0156)
家中排行数	－0.013	(0.007)	－0.014	(0.008)
父母[b]健康状况	0.014	(0.027)	0.014	(0.029)
东部地区	－0.278***	(0.031)	－0.282***	(0.031)
中部地区	－0.164***	(0.031)	－0.170***	(0.033)
常数	0.767***	(0.091)	0.856*	(0.098)
N	1219		1219	
正确预测百分数	44.1		43.8	
对数似然法	－		－1279.081	
伪 R^2	0.072		0.058	

注：a. 为了进一步解释就业状态对再迁出行为的影响，书中还在就业状态中加入了失业群体为基组。

b. 调查问卷中涉及户主父母和配偶的父母，收集的数据是与调查者关系最近的父母情况。

数据来源：RUMIC2008年整理；***、**、*分别表示在1%、5%和10%水平下显著。

农村外出务工人员的回流行为具有多元性，短期回流的群体在长期内还面临着再次外出务工的决策，这导致农民工就地城镇化具有不稳定性。非农生产培训对农民工回流的期限具有显著的影响，而且该群体的回流行为还具有显著的地区差异，东部和中部地区的移民长期回流的可能性更大。这些发现为探讨我国中小城镇的就地城镇化提供了思路。中国以人为核心的城镇化路径目的是解决数量庞大的农民工的去留问题。目前，我国城镇化面临着多向性和多元性的特征。对于大多数农民工群体，在务工地不能完全融入城市居民生活，在迁出地又与农民身份有着密切的联系。社会中的边缘身份使他们在迁入地与迁出地的往返行为具有明显的不稳定特征。不安定的生活不仅不利于农民工家庭结构的维护以及下一代子女的教育问题，还不利于各地政府开展对农民工群体有针对性的保障措施。

尤其是随着我国沿海地区劳动力结构不断优化，我国劳动力成本的上升，部分国内沿海加工制造业纷纷转移到中西部甚至东南亚劳动力价格相对低廉的地区。同时，中西部地区在承接产业转移方面也在不断完善推进机制，当地农民工的回流行为使传统劳务输出地成为新的劳动力来源。安居乐业的前提是稳定的工作环境，所以要解决农民工回流行为和就地城镇化的不稳定性问题，首要的核心是解决农民工就近就业的问题。就地城镇化可以将非农培训作为出发点，当地政府依据本地产业发展和就业市场需求，对返乡流动人口提供有针对性的非农就业技能培训，提升他们的人力资本存量和就业能力。与此同时，当地教育部门还应对返乡流动人口的适龄子女上学问题给予重视，以促进流动人口就地城镇化稳定有序地开展。

第四节

如何促进流动人口的自由转移

农村劳动力流动在广义上可分为由农业向当地非农产业的流动、由农村向城市的省内流动和由农村向城市的省际流动。其中，农村劳动力在省内和省际间的城乡流动，尤其受到学者的重视。将城乡劳动力市场作为一个系统，农村劳动力向城市流动的动机受系统内外多方面影响：城市的拉力、农村的推力和来自农村与城市间的摩擦力，包括对迁入城市居民的排斥、迁出地的阻力，以及各种制度因素、政策措施对劳动力自由流动产生的约束。从个体角度分析，劳动者个体作出迁移行为的决定，往往是希望得到更好的结果：如更高的收入、更广的社会见识、更好的职业发展等。劳动力作为生产要素之一，从其供给方看，自由流动意味着资源能够得到更有效的配置。根据要素投入的乘数效应，劳动力供给和资本投入的增加会促进经济的增长，从而进一步促进经济对劳动力和资本投资的吸纳。对劳动者个体和整个社会经济的发展来讲，农村劳动力供给的自由转移都是优选。

根据凯恩斯的有效需求不足理论，要想保持国家经济持续稳定的增长，应以解决好劳动力就业问题为主要突破口。农村居民收入提高，消费水平随之提升，对社会总产品需求增加，从而会促进经济的进一步发展，创造更多的就业机会。经济发展和就业机会之间会产生良性循环机制。我国目前经济发展的“瓶颈”来自国内消费需求不足，而这归根结底取决于就业问题是否得到很好的解决。农村转移劳动力在整个劳动力市场的就业大军中起着重要作用，因而保持经济的稳定增长，可以从庞大的农村剩余劳动力群体的顺利就业入手。从农村劳动力转移方向分析，解决好农村劳动力转移就业的出路主要有以下途径：

一是异地转移。由于城乡户籍制度的制约和社会保障制度的不健全，中国农村迁移劳动力有着不同于其他国家的特有性质。第一代“农民工”（以“60 后”“70 后”为迁移主体的劳动力群体）大多过着候鸟迁移的生活，往返于农村和城市。他们主要属于“农户兼业”，在农忙从事农业活动的同时，农闲外出打工赚钱贴补家用。目前，以“60 后”“70 后”为迁移主体的劳动力群体，逐渐被“80 后”甚至“90 后”年轻生力大军所替代。年轻一代的农村移民在生存理念、消费模式和人生价值追求方面，与上代人有很多的区别。随着农业生产活动逐渐机械化和现代化，对农业劳动力的需求在减少，新一代农民工从事农业生产的欲望和动力减弱，相比上一代人，他们接受的教育水平更加正规。他们更多的是希望在城市工作的同时，扎根于城市。而从农村解放出来的剩余劳动力，由于教育水平低下，缺乏职业正规培训，人力资本存量不足，使他们很难融入城市生活，大多就业于快递外卖、建筑施工、加工制造、餐饮服务等行业。

而非正规就业的约束使在城市打工的流动人口往往被隔离在城市社会保障体制之外。在劳动力市场中，劳动合同的签订与劳动者的工资待遇、工作时间和社会保障等基本权益密切相关。城市中流动人口与雇主签订劳动合同的比重不高，他们在城市工作既缺乏有效的法律保障，又没有相应的社会保障体系作为生活支撑。要想解决好农村移民尤其是新一代流动人口在城市的就业问题，一方面需要当地政府加大对信息公共服务设施的投入，为农村剩余劳动力提供及时有效的就业信息，降低他们在工作搜寻过程中的成本，并及时获得匹配工作的信息；另一方面，应不断提高农村转移劳动力的人力资本存量，为他们普及有效的法律和劳务知识，让他们学会用法律武器来维护自身利益。虽然有些学者对农民工职业培训项目的有效性持怀疑态度，但从人力资本与经济增长的关系来看，农村剩余劳动力自身素质的提高，不仅可以使他们在更大程度上匹配城市工作岗位的素质需求，有助于这部分群体更好地融入城市社会，更重要的是，隐形的人力资本存量对经济增长起着重要的促进作用。当然，随着近几年中国大学生就业压力日益严峻，加上中国大中城市对劳动力吸纳能力有限，农村外出务工人员在城市劳动力市场上的就业必将是个长期而严峻的问题。

二是就地转移。已有研究更多地侧重于20世纪80年代末中国乡镇企业对农村剩余劳动力的就地需求分析。有些学者认为，单靠乡镇企业的发展来疏导农村剩余劳动力就地就业，具有很大的局限性。纵观中国农村劳动力现状，70年代出生的农村劳动力，在城市劳动力市场中竞争力不断下降，城市的生存压力、乡土归宿感和自身劳动力供给现状，使他们更愿意回到家乡，融入当地农村社区的生活。一些研究表明，相比当地未外出打工的农民来说，回流的农村劳动力拥有更高的人力资本存量。引导这部分群体就地创业，不仅能实现自我就业，还可以促进当地一部分劳动力集体就业。日本战后的农村剩余劳动力成功转移经验，就有一定的可取之处。日本政府通过立法，放宽了对土地流动的限制，鼓励小农户脱离农业自立，经营农户由农业转向非农产业，并且注重发展劳动密集型产业。韩国农村劳动力的顺利转移，也对我国现状有重要的启示作用。在农村剩余劳动力转移过程中，韩国政府注重劳动力的黄金优势，适度地发展劳动密集型产业，使城镇能够吸纳更多的劳动力。

目前，在中国部分农村地区，随着农业机械化的进一步推进，部分农业人口开始脱离农业生产活动，专职从事农业机械的推销和使用。并且有限的人均农业土地量和农作物产品，使农业收入越来越不能满足农村居民的生活期望值。家庭联产承包责任制也在目前阶段显现出局限性，农民农业生产积极性下降，部分地区出现了农田荒置无人耕种的现象。农村劳动力市场因此出现了新的劳务主体：以工时工资或计件工资为标准计算报酬的临时劳务工和土地承包工。前者通过负责帮助其他家庭耕种一定数量的土地，而获得相应劳务性工资；后者租种其他家庭的土地，并向出租者定期缴纳一定的费用，此外的农业生产收入都归其自己所有。这些农村非农就业形式的出现，说明农村土地流转有利于农村劳动力就业的顺利转移。

当地非农产业兴起可吸纳部分剩余劳动力。此外，随着农村居民收入水平的提高，农村的消费体系也在不断改善。在衣食住行方面，消费模式逐步由自主经营自主消费的生产消费一体化方式，向单一消费者模式转变。农村商品市场的发展使劳动市场分工不断细化，农村社区出现的餐饮业、建筑业等行业越来越规范化。这些当地非农产业的兴起，可以吸纳一定数量的当地农业剩余劳动力。虽然乡镇企业对就地转移方式的作用在不断减弱，农村劳动力可以以个体自主经营的方式，逐步实现劳动力由农业向非农产业的转变。这就需要当地政府有效利用回流人员的社会资本，完善农村信贷市场，鼓励部分群体自主创业，以促进农业剩余劳动力的顺利转移。所以目前中国农村的职业培训服务，也是政府亟待重视的问题，加强农村实用人才和新型农民的培养，提高农村人口整体素质，才能更好地促进农村外出务工人员的顺利转移就业。

因此，在我国农村剩余劳动力由农业向非农产业转移的过程中，需要不断改革户籍制度，完善社会保障体制，以提高城市对农业剩余劳动力的吸纳能力。同时，当地乡镇政府也应当采取措施发展乡村经济，从多渠道鼓励和吸引农业剩余劳动力实现就地转移就业。

第九章

流动人口市民化路径优化

第一节

探索流动人口常住市民化路径的政策建议

对于大多数进城务工群体，在务工地不能完全融入城市居民生活，在迁出地又与农民身份有着密切的联系。因此，应从迁入地和迁出地两个方面入手，不断完善我国流动人口实现市民化的“推力”和“拉力”双系统，不断实现流动人口的户籍城镇化向常住城镇化和永久城镇化转变。在探索市民化路径进程中，构建就地城镇化和异地城镇化双体系显得尤为关键。根据流动人口的异质性，大城市的异地城镇化和中小城市的就地城镇化路径是相辅相成的。通过流动人口的主观认同，打通城镇化的双体系，实现他们“用脚投票”的合理选择。通过不断完善住房保障体系、城市基本服务体系建设等解决流动人口在城市的立身场所问题和城市认同感，以逐步实现他们的常住城镇化和永久城镇化。

（一）建立促进流动人口市民化的协同治理体系

实现迁出地和迁入地政府的协同治理。流动人口安居乐业的前提是稳定的工作环境，就业机会和完善的公共服务体系是流动人口市民化最重要的保障，所以要探索流动人口的市民化路径，首要的核心问题是解决流动人口的就业问题。研究表明，非农生产培训和家庭中适龄上学子女的因素对流动人口回流的期限具有显著的影响，而且该群体的回流行为还具有显著的地区差异，东部和中部地区的移民长期回流的可能性更大。这些为探讨我国中小城镇的就地城镇化提供了思路。尤其是，随着我国沿海地区劳动力结构不断优化，我国劳动力成本的上升，部分国内沿海加工制造业纷纷转移到中西部甚至东南亚劳动力价格相对低廉的地区。同时，中西部地区在承接产业转移方面也在不断完善推进机制，当地流动人口的回流行为使传统劳务输出地成为新的劳动力“蓄水池”。因此应该解决中西部地区回流群体的就地城镇化问题。

研究表明，具有非农生产培训的流动人口更倾向于选择长期回流，就地城镇化可以将非农培训作为出发点，当地政府依据本地产业发展和就业市场需求，对返乡流动人口提供有针对性的非农就业技能培训，提升他们的人力资本存量和就业能力。中国人口的流向选择，是最终主导城市规模的大小和兴衰的主因。今后城镇化应由迁入地和迁出地的劳动力市场机制来调配，政府“有形之手”应该与市场“无形之手”相互配合，协同推进。同时，当地教育部门还应对返乡流动人口的适龄子女上学问题给予重视，以促进回流群体就地城镇化稳定有序的开展。

（二）优化流动人口城市公共服务体系

结合大城市和中小城镇的城市规模和城市功能，不断优化迁入地流动人口市民化的管理服务体系。在城市化过程中加强流动人口公共管理，不是单纯地将流动人口逐步纳入制度化的社会福利体系，而要重视给流动人口提供平等机会，使其得以创造出自身在城市中未来发展的可能性。树立适应流动人口市民化的现代城市管理理念，其本质在于为城市所有人口能够构造出一个平等的发展机会和开放的发展空间，是一种社会融合性的城市发展。例如，为流动人口的集聚地“城中村”提供公共设施和公共服务，使“城中村”转变成为繁荣发展的城市社区；逐步开放城市正规和非正规劳动力市场的就业渠道，给流动人口提供平等的就业机会和创业机会，使他们实现规范性就业。通过优化城市规划和城市管理理念，将流动人口充分转化为城市发展的动力，而不仅仅是城市管理的负担。因此，适应人口城市化积极的城市管理，需要进一步从流动人口在城市的身份认同与城市融入、公共服务均等化等重要视角来逐步实现流动人口城市公共服务体系建设。

发挥流动人口在市民化进程中的主体能动性。完善的城市公共服务体系需要将流动人口作为管理和服务的对象，优化和强化流动人口的管理服务体系。但在市民化进程中，仅仅将流动人口作为管理和服务的对象，容易片面地将人口流动归为城市运行和发展的成本和负担。除经济因素外，流动人口在工作地的融合问题不容忽视。应对流动人口的市民化，应在推进全国户籍制度改革的基础上，不断加强流动人口在城市的身份定位和认同感，将流动人口作为城市能动发展的主体。迁移流动人口本身构成了城市发展的能动力量，这部分群体可以创造出未来城市新的发展空间和经济机遇，并创造出整个城市的财富增长。这不仅要考虑容纳和包容流动人口进入城市的社会保障福利体制建设，更要将人口流动长久市民化作为城市管理和治理的终极目标。

在我国快速城市化进程中，大量农村流动人口进入城市，给城市承载能力和公共财政带来压力。但一线城市尤其是特大城市发展所面临的各种“城市病”问题，表面上是人口数量增长给城市管理带来了压力，但究其根本是城市前期规划中的城市公共服务能力不足、难以与城市人口的快速增长相匹配所造成的。只有积极发挥流动人口融入城市生活的主观能动性、全面建立城市统一的劳动力市场、完善城市社会公共管理事服务水平，才是解决我国流动人口市民化的重要保障。因此，城市化过程中的城市管理，需要将流动人口的城市居民的主体身份，纳入城市规划理念中，重新构建城市可持续发展的城市管理模式和发展策略。

（三）完善流动人口的住房保障体系

实施租房货币化补贴，切实提高流动人口的住房支付能力。基于租房价格的考虑，流动人口一方面由于对住房支付成本满意度较差，另一方面该群体居住房屋的质量和配套设施也有待提升。目前，我国公共租赁住房的覆盖比例较低，在一定程度上难以满足保障性住房对于流动人口中有住房需求群体的覆盖和可及性。因此，在未来公共租赁住房和人才公寓设计中，应该从惠及相关流动人口群体的角度，根据他们的居住需求进行相应数量的住房提供。迁入地和迁出地政府应明确在住房供给、管理、房屋安全管理等方面的共同责任。考虑到流动人口的异质性，应该对流动人口进行相应的区分，针对不同能力的流动人口群体，住房政策的制定应有所侧重。可以在正规就业者就业比较集中的地区进行公共租赁房的建设，同时对于有资格申请但是难以享受到公共租赁房的青年群体，政府适当发放一些租房补贴，实现从“补砖头”向“补人头”转变，尤其是注重对进城务工人员灵活的个人补贴，使住房租赁者有更多的自由选择。

结合城市规模，不断完善购房群体的住房公积金制度。通过分析第六章流动人口在市民化进程中的购房行为，对于打算在当地购房的外来流动人口群体住房公积金的参与率仅为9.4%，有接近九成的外来流动人口在购房时会面临长期还房贷的压力。因此，应在全国不同城市快速搭建包括住房公积金在内的社会保障体系，不断引导和促进流动人口在工作地实现安居乐业。城市规模对流动人口当地购房意愿的影响呈倒“U”形。相比北京、深圳等一线城市，流入二线城市的流动人口当地购房可能性最高，其次是三线城市。这说明，要合理解决外来流动人口在城市的安居问题，不宜采取“一刀切”的方式，而应根据城市规模特征和流动人口的主观住房意愿，分类别、分步骤地引导流动人口逐步定居实现市民化。

第二节

如何有序推进长三角城市群流动人口的常住市民化

2020年4月9日，国家发展改革委印发《2020年新型城镇化建设和城乡融合发展重点任务》。文件强调，将督促城区常住人口300万以下城市全面取消落户限制，城区常住人口300万以上城市基本取消重点人群落户限制；同日，《中共中央国务院关于构建更加完善的要素市场化配置体制机制的意见》（以下简称《意见》）正式公布。《意见》明确指出，将深化户籍制度改革，推动超大、特大城市调整完善积分落户政策，率先在长三角等城市群探索推动户籍准入年限同城化累计互认制，以加速劳动力要素在城市群内部的自由流动。

近日颁布的这两个重要文件，均提到流动人口的户籍制度改革。笔者认为，今后人口流动规律会更趋于在以中心城市为导向的城市群间集聚。劳动力要素市场化改革的进一步推动，使人口流动从过去限制超大城市人口准入口径的思路，过渡为加强中心城市和城市群等优势区域的经济和人口承载能力。率先在长三角等城市群推行户籍准入年限同城化累计互认，也为流动人口在城市有序定居与落户提供了政策便利，对未来长三角流动人口的常住市民化趋势也必将产生积极影响。

疫情期间人口流动管制政策，各省份主要基于户籍制度以区分本地和外来人口。但实际上，以长久居住和稳定就业为多维标准的常住人口管理系统更符合人口的空间分布轨迹，也有利于城市在面对重要公共卫生事件的外部冲击时，能有效评估城市配套资源的供需情况。根据国家统计局公布的数据，2019 年我国常住人口城镇化率已达到 60.60%，但户籍人口城镇化率仅为 44.38%，这意味着全国大约有 2.27 亿的人口常住地和户籍地是不匹配的。其中，长三角地区常住人口 1.5 亿人，约 5000 多万农民工处于“人户分离”状态。要在长三角逐步推行户籍准入年限同城化累计互认制，首先要清晰把握长三角流动人口在空间区位上的流动特征和分布规律，使人口城镇化的扩张空间与城市公共服务均等化的需求相匹配。笔者基于国家卫计委全国流动人口动态监测数据（CMDS）最新公布的 2017 年度数据，对长三角城市群 27 个核心城市的流动人口分布特征进行了归纳，以期为长三角逐步推进户籍准入年限同城化累计互认制提供参考。

第一，长三角地区人口流动的空间形式，以跨省流动为主。以上海为例，流入人口的生源地有 99.76% 为外省区市。浙江省的外来流动人口中，跨省流动形式占 90.10%，省内跨市的比重仅为 2.03%。江苏省由于传统的民营企业发展活力，为吸纳省内劳动力提供了就业岗位优势，省内跨市的流动人口占总量的 1/3，另 2/3 以跨省流动形式为主。从整个长三角核心城市群看，安徽省的流动空间形式正好相反，省内跨市和市内跨县分别为 47.27% 和 43.60%，仅有 9.13% 为省外人口流入。这主要因为安徽是劳动力资源要素重要输出省份，在推动户籍准入年限同城化累计互认制过程中，安徽省内各城市如何在就业保障、住房公积金等方面实现省内信息平台和流转程序的统筹，将有助于流动人口从以“就业迁移”为主导到以“宜居生活”为目标的推进，更有利于“半城镇化”“虚城镇化”向“事实城镇化”转变。

第二，从流动持续时间看，流动人口不断由“候鸟双栖型”向“常住型”转变。一般认为，若在城市居住时间长达5年及以上，可以认为流动人口在该地是长期定居型。数据显示，上海市流动人口的长期居住型占61.6%，其中定居10年及以上的群体占到总量的近四成；对于浙江省，流动人口中有43.31%是长期定居型，安徽省和江苏省的比例依次为41.55%和37.45%，亟待政府推动和落实以居住年限和稳定居所等为多维度评估常住人口管理系统，有效满足常住群体的城市基本公共服务需求。此外，城市群流动人口的定居意愿出现区域内分化。浙江省有近一半在调查地居住持续年限不足两年，江苏省和安徽省分别为40.07%和34.68%。推进户籍准入年限同城化累计制，城市间的短期流动经历比常住型更复杂。例如，杭州规定3年内连续缴纳2年以上社保或者个税，才拥有购房资格；苏州则规定需要缴纳社会保险3年以上。如何加快制订长三角地区适用的城市准入常住居民“通行证”，需要出台涉及流动人口城市居住史、居住年限、社保如何统筹等更为详细的条例准则（见表9－1）。

表9－1　长三角城市群流动人口的流动持续时间分布

	0~2年（%）	2~3年（%）	3~5年（%）	5~10年（%）	10年以上（%）
上海市	24.34	7.13	6.92	22.84	38.76
江苏省	40.07	8.73	7.89	18.95	24.36
浙江省	47.19	8.32	7.04	16.35	21.10
安徽省	34.68	11.83	11.95	25.23	16.32

数据来源：根据国家卫计委公布的全国流动人口动态监测数据（2017）整理。

第三，城市群内流动人口的人力资本存量相对均衡和梯度落差并存。一方面，从年龄结构分布上，“90后”和“80后”成为劳动力要素中的主力，在城市群间比重分布较为均衡。上海市流动人口中，“90后”和“80后”比重分别为20.45%和42.64%，占总量的六成以上。其他三个省份的“90后”和“80后”劳动力所占比重也均居60%～70%。位于该年龄段的群体，将近八成为已婚状态，因此长三角地区试行户籍准入年限同城化累计互认，提供相应举家落户的配套措施很有必要。另一方面，从地区人力资本优势看，上海对高技能人才（大专及以上学历）仍具有“虹吸效应”。安徽省由于省内人口流动的绝对优势，有效吸纳了本省的高学历人才。江苏省部分城市如南京、苏州由于特色的电子信息等人才集聚优势，成为人才净流入城市。相比其他省市，浙江省流动人口在长三角地区中高技能人才的比重最低，比例为10.02%。浙江省在推动跨地区劳动力要素优化配置，吸纳高技能劳动力将面临很大挑战（见表9－2）。

表9－2　　长三角城市群流动人口的受教育程度分布

	初中教育及以下（%）（低技能）	高中教育（%）（中技能）	大专及以上教育（%）（高技能）
上海市	46.61	21.00	32.39
江苏省	61.01	20.76	18.24
浙江省	74.29	16.69	10.02
安徽省	54.62	22.75	22.64

数据来源：根据国家卫计委公布的全国流动人口动态监测数据（2017）整理。

第四，流动人口仍以非正规就业为主，全球疫情对就业产生潜在的失业风险冲击。对于安徽省，流动人口就业以个体工商户和私营企业为主，合计占总量的七成，未签订任何劳动合同的占33.79%。总体来看，流动人口在浙江省从事非正规就业的现象更为显著，有近40%的群体没有签订正式劳动合同。上海市在劳动力就业与劳动保障规范化方面，表现最为突出，正式签订劳动合同比例达到87.32%，而且从业人员在国有企事业、外企等其他单位的比重也高于长三角其他城市。从长三角城市群总体看，自2020年1月以来，从人口流动管制到困难复工，再到目前全球疫情对我国出口贸易的冲击，流动人口成为受疫情最直接和最容易忽视的群体。受疫情冲击最大的行业如餐饮、旅游、批发零售、外贸出口制造业等行业部门吸纳了大量的流动人口就业。虽然长三角各地已开展务工人员安全有序返岗的精准对接措施，但如何将流动人口有序纳入务工城市的常住人口管理系统，相应地享受城市基本公共服务，才是提升流动人口对抗外部环境冲击最有效的抗风险能力。

因此，有序推进长三角地区流动人口户籍改革，实现常住人口市民化的对策建议为：

第一，建立长三角一体化流动人口信息管理数据库，为长三角推行户籍准入年限同城化累计互认制提供数据支撑。利用大数据技术提供全面的劳动力信息服务，通过把长三角地区各城市间的人口流动经历、迁移轨迹等数据统一起来，并把相关政府数据、社会数据和行业需求数据按标准统一纳入数据库，实现城市群内跨地区的共享应用。借助大数据信息系统，对长三角流动人口数据进行及时更新与追踪，以此打破城市间信息障碍，并利用大数据平台从宏观层面加强长三角区域的人才精准调控，全面提升流动人口工作的统筹指导与协调效率。

第二，完善以常住地登记户口为统计口径的城市基本公共服务建设体系。新文件针对不同规模城市的户籍政策在逐步放开，尤其市辖区300万人以下全面放开落户准入标准。那么，城市公共基础建设规划也要随之与常住地人口相匹配。此次新冠肺炎疫情对大城市的公共卫生安全应急体系是一次新的考验。过去城市公共服务设施多基于本地户籍人口统计来规划发展。随着户籍制度改革和城市规模的不断扩容，未来应探讨以人口经常居住地登记户口的存量来协同推进城市公共服务的容量，如城镇教育、就业创业、医疗卫生等基本公共服务按常住人口规模配置，为劳动力要素的有效流动提供配套公共资源支持。

第三，推动流动人口最低生活保障体系的建立。从吸纳就业的企业性质来看，长三角地区的流动人口就业于私营企业的比重最高，其次是从事个体经商。当存在外部疫情冲击，特别是全球疫情影响沿海生产产业链时，流动人口的就业最先受到直接影响。流动人口由于特殊的二元身份，绝缘于城镇最低生活保障体系，成为农村和城镇政策帮扶的“夹心层”。此次疫情，有可能会长期化、常态化。在后续复工复产过程中，长三角城市应协同发展，考虑将流动人口最低生活保障体系作为推进一体化的兜底功能，对有困难但雇佣农民工较多的民营企业提供纳税补贴以保证政策运营。对因疫情防控失去收入来源、生活困难的失业人员，引导失业保险基金的帮扶，以保障流动人口后续就业和生活的稳定化。

参考文献

［1］白南生，何宇鹏．回乡，还是外出？——安徽四川二省农村外出劳动力回流研究［J］．社会学研究，2002（03）：64－78.

［2］边燕杰，张文宏．经济体制、社会网络与职业流动［J］．中国社会科学，2001（02）：77－89，206.

［3］边燕杰．城市居民社会资本的来源及作用：网络观点与调查发现［J］．中国社会科学，2004（03）：136－146，208.

［4］蔡昉．中国二元经济与劳动力配置的跨世纪调整——制度、结构与政治经济学的考察［J］．浙江社会科学，2000（05）：19－23.

［5］蔡禾，何艳玲．集体消费与社会不平等——对当代资本主义都市社会的一种分析视角［J］．学术研究，2004（01）：56－64.

［6］曹芳芳，程杰，武拉平．迁移对城市劳动力市场的影响：竞争还是互补？［J］．劳动经济研究，2019，7（01）：99－119.

［7］曹永福，杨梦婕，宋月萍．农民工自我雇佣与收入：基于倾向得分的实证分析［J］．中国农村经济，2013（10）：30－41.

［8］陈春，冯长春．农民工住房状况与留城意愿研究［J］．经济体制改革，2011（01）：145－149.

［9］陈旭峰，田志锋，钱民辉．农民工经济贡献自我评价差异的影响因素研究［J］．社会，2011，31（01）：183－199.

［10］陈钊，徐彤，刘晓峰．户籍身份、示范效应与居民幸福感：来自上海和深圳社区的证据［J］．世界经济，2012，35（04）：79－101.

［11］程希．对不同地区人口分布与经济和资源环境关系的总体评价［J］．人口与经济，1996（06）：20－25，12.

［12］程毅，赵菡．大学生的消费与认同建构——基于家庭收入水平

差异的比较分析［J］. 云南民族大学学报（哲学社会科学版），2015（01）：87－96.

［13］程茵，韩笑，胡越. 农民工城市购房意愿及影响因素研究［J］. 调研世界，2012（10）：17－22.

［14］褚荣伟，张晓冬. 中国农民工消费市场解读——金字塔底层的财富［J］. 经济理论与经济管理，2011（07）：34－46.

［15］邓曲恒，邢春冰. 对空气质量的支付意愿：基于迁移决策的计量分析［J］. 劳动经济研究，2018，6（06）：23－43.

［16］丁金宏，刘振宇，程丹明，刘瑾，邹建平. 中国人口迁移的区域差异与流场特征［J］. 地理学报，2005（01）：106－114.

［17］董昕，周卫华. 住房市场与农民工住房选择的区域差异［J］. 经济地理，2014，34（12）：140－146.

［18］董志勇，高雅. 社会融合与农民工自我雇佣选择［J］. 经济与管理研究，2018（01）：33－45.

［19］杜鹰. 现阶段中国农村劳动力流动的群体特征与宏观背景分析［J］. 中国农村经济，1997（06）：4－11.

［20］凡勃伦. 有闲阶级论：关于制度的经济研究：珍藏本［M］. 商务印书馆，2009.

［21］付林芮. 发展与启示：近15年来国内消费与认同研究综述［J］. 浙江树人大学学报，2016（04）：55－62.

［22］高文书. 进城农民工就业状况及收入影响因素分析——以北京、石家庄、沈阳、无锡和东莞为例［J］. 中国农村经济，2006（01）：28－34，80.

［23］葛美玲，封志明. 中国人口分布的密度分级与重心曲线特征分析［J］. 地理学报，2009，64（02）：202－210.

［24］桂勇，顾东辉，朱国宏. 社会关系网络对搜寻工作的影响——以上海市下岗职工为例的实证研究［J］. 世界经济文汇，2002（03）：45－51.

［25］郭伟伟. “居者有其屋”——独具特色的新加坡住房保障制度及启示［J］. 当代世界与社会主义，2008（06）：162－167.

[26] 国务院发展研究中心课题组，刘世锦，陈昌盛，许召元，崔小勇. 农民工市民化对扩大内需和经济增长的影响 [J]. 经济研究，2010，45 (06)：4-16，41.

[27] 韩惠，刘勇，刘瑞雯. 中国人口分布的空间格局及其成因探讨 [J]. 兰州大学学报，2000 (04)：16-21.

[28] 韩俊强. 农民工住房与城市融合——来自武汉市的调查 [J]. 中国人口科学，2013 (02)：118-125，128.

[29] 侯亚杰，姚红. 流动人口身份认同的模式与差异——基于潜类别分析的方法 [J]. 人口研究，2016，40 (02)：38-49.

[30] 胡焕庸. 中国人口之分布——附统计表与密度图 [J]. 地理学报，1935 (02)：33-74.

[31] 胡霞，丁浩. 子女随迁政策对农民工家庭消费的影响机制研究 [J]. 经济学动态，2016 (10)：25-38.

[32] 黄洁，钟业喜. 中国城市人口密度及其变化 [J]. 城市问题，2014 (10)：17-22.

[33] 黄小兵，黄静波. 消费行为与农民工社会融合 [J]. 华南农业大学学报（社会科学版），2015，14 (02)：37-49.

[34] 黄造玉，阎传琦，李福珍，张可柔. 新生代农民工购房意愿及其社会影响 [J]. 统计与管理，2015 (10)：100-101.

[35] 黄志岭. 城乡户籍自我雇佣差异及原因分析 [J]. 世界经济文汇，2012 (06)：111-119.

[36] 黄志岭. 人力资本、收入差距与农民工自我雇佣行为 [J]. 农业经济问题，2014，35 (06)：39-45，111.

[37] 纪江明，陈振营，赵毅. 新生代农民工“二元化”消费方式与身份认同研究——基于2010年上海市外来农民工的调查 [J]. 人口与发展，2013，19 (02)：2-9.

[38] 解垩. 中国非农自雇活动的转换进入分析 [J]. 经济研究，2012 (02)：54-66.

[39] 金晓彤，韩成，聂盼盼. 新生代农民工缘何进行地位消费？——基于城市认同视角的分析 [J]. 中国农村经济，2017 (03)：18-30.

[40] 孔祥利，张欣丽．城镇化进程中农民工二元性收入及差距对其消费的影响 [J]．财政研究，2014 (12)：58 –61.

[41] 李爱华，成思危，李自然．城镇居民住房购买力研究 [J]．管理科学学报，2006 (05)：8 –17，43.

[42] 李国正，艾小青，邬嘉迪．新常态下中国流动人口的居留意愿与家庭消费水平研究 [J]．管理世界，2017 (12)：174 –175.

[43] 李军，李敬．新型城镇化能改善代际流动性吗？[J]．劳动经济研究，2020，8 (01)：44 –71.

[44] 李培林，张翼．消费分层：启动经济的一个重要视点 [J]．中国社会科学，2000 (01)：52 –61，205.

[45] 李培林．新型城镇化与突破“胡焕庸线” [N]．人民日报，2015 –01 –08 (016).

[46] 李强．中国大陆城市农民工的职业流动 [J]．社会学研究，1999 (03)：95 –103.

[47] 李琴，孙良媛．外来务工人员工作搜寻时间代际差异分析——兼论对收入的影响 [J]．南方人口，2012，27 (05)：71 –80.

[48] 李荣彬，袁城．社会变迁视角下流动人口身份认同的实证研究——基于全国流动人口动态监测调查数据 [J]．人口与发展，2013，19 (06)：26 –35.

[49] 李实，杨修娜．农民工工资的性别差异及其影响因素 [J]．经济社会体制比较，2010 (05)：82 –89.

[50] 李祥妹，刘亚洲，曹丽萍．高速铁路建设对人口流动空间的影响研究 [J]．中国人口·资源与环境，2014，24 (06)：140 –147.

[51] 林善浪，张丽华．社会资本、人力资本与农民工就业搜寻时间的关系——基于福建省农村地区的问卷调查 [J]．农村经济，2010 (06)：101 –104.

[52] 刘成斌，周兵．中国农民工购房选择研究 [J]．中国人口科学，2015 (06)：100 –108，128.

[53] 刘传江，周玲．社会资本与农民工的城市融合 [J]．人口研究，2004 (05)：12 –18.

[54] 刘洁，王宇成，苏杨．中国人口分布合理性研究——基于发展方式角度［J］．人口研究，2011，35（01）：14－28.

[55] 刘林平，张春泥．农民工工资：人力资本、社会资本、企业制度还是社会环境？——珠江三角洲农民工工资的决定模型［J］．社会学研究，2007（06）：114－137，244.

[56] 刘世锦，陈昌盛．农民工市民化对扩大内需和经济增长的影响［J］．经济研究，2010（06）：4－16.

[57] 刘修岩，李松林．房价、迁移摩擦与中国城市的规模分布——理论模型与结构式估计［J］．经济研究，2017，52（07）：65－78.

[58] 刘燕，叶敬忠，胡晓江．从主动投资到被动选择：农民工家庭在集镇购房的动因转变［J］．农村经济，2015（04）：104－109.

[59] 刘燕华，王强．中国适宜人口分布研究——从人口的相对分布看各省区可持续性［J］．中国人口·资源与环境，2001（01）：35－38.

[60] 刘园，李捷嵩．居民收入分布与炫耀性消费［J］．中央财经大学学报，2018（01）：77－86.

[61] 刘云平，王翠娥．外来务工人员自我雇佣决定机制的性别差异［J］．人口与经济，2013（04）：96－102.

[62] 吕大国，耿强，简泽，卢任．市场规模、劳动力成本与异质性企业区位选择——中国地区经济差距与生产率差距之谜的一个解释［J］．经济研究，2019，54（02）：36－53.

[63] 吕萍，甄辉，丁富军．差异化农民工住房政策的构建设想［J］．经济地理，2012，32（10）：108－113，176.

[64] 罗楚亮．经济转轨、不确定性与城镇居民消费行为［J］．经济研究，2004（04）：100－106.

[65] 马草原，程茂勇，侯晓辉．城市劳动力跨部门流动的制约因素与机制分析——理论解释与经验证据［J］．经济研究，2020，55（01）：99－114.

[66] 马光荣，杨恩艳．社会网络、非正规金融与创业［J］．经济研究，2011（03）：83－94.

[67] 孟祥轶，杨大勇，于婧．中国城市炫耀性消费的特征及决定因

素——基于北京市家庭数据的实证分析［J］. 经济研究，2010，45（s1）：118－128.

［68］孟昕，白南生. 结构变动：中国农村劳动力的转移［M］. 浙江人民出版社，1988.

［69］明娟，曾湘泉. 农村劳动力外出与家乡住房投资行为——基于广东省的调查［J］. 中国人口科学，2014（04）：110－120，128.

［70］宁光杰. 自我雇佣还是成为工资获得者？——中国农村外出劳动力的就业选择和收入差异［J］. 管理世界，2012（07）：54－66.

［71］农业部课题组. 21 世纪初期我国农村就业及剩余劳动力利用问题研究［J］. 中国农村经济，2000（05）：4－16.

［72］彭效军. 我国产业结构调整与人口迁移研究——配第—克拉克定律的实证分析［J］. 思想战线，2002（06）：23－26.

［73］乔瑞迁. 试论我国人口分布的平衡与不平衡［J］. 西北人口，1987（04）：33－40.

［74］曲兆鹏，郭四维. 户籍与创业：城乡居民自我雇佣的差异研究——来自 CGSS2008 的证据［J］. 中国经济问题，2017（06）：72－86.

［75］盛来运. 中国农村劳动力外出的影响因素分析［J］. 中国农村观察，2007（03）：2－15，80.

［76］石丹淅，赖德胜. 自我雇佣问题研究进展［J］. 经济学动态，2013（10）：143－151.

［77］石智雷，杨云彦. 家庭禀赋、家庭决策与农村迁移劳动力回流［J］. 社会学研究，2012，27（03）：157－181，245.

［78］史清华，侯瑞明. 农户家庭生命周期及其经济运行研究［J］. 农业现代化研究，2001（02）：65－70.

［79］宋艳姣. 中国农民工返乡决策与就地城镇化路径探析［J］. 兰州学刊，2017（02）：185－192.

［80］宋月萍，宋正亮. 医疗保险对流动人口消费的影响［N］. 中国人口报，2018－06－14.

［81］宋月萍. 社会融合中的性别差异：流动人口工作搜寻时间的实证分析［J］. 人口研究，2010，34（06）：10－18.

[82] 苏群，赵霞，陈杰．社会资本、非正规金融与农民工自我雇佣[J]．中国农业大学学报（社会科学版），2016，33（6）：85－95.

[83] 孙华，陈力勇．流入城镇农村人口消费行为分析——基于西安市的调查[J]．人口研究，2014（02）：92－101.

[84] 孙晓芳．异质性劳动力与中国劳动力流动——基于新经济地理学的分析[J]．中国人口科学，2013（03）：36－45，127.

[85] 谭苏华，朱宇，林李月，杨中燕．流动人口家庭的城市消费及其影响因素——基于全国流动人口动态监测调查数据[J]．人口与发展，2015，21（01）：22－31.

[86] 万广华，张茵，牛建高．流动性约束、不确定性与中国居民消费[J]．经济研究，2001（11）：35－44.

[87] 王春光．农村流动人口的“半城市化”问题研究[J]．社会学研究，2006（05）：107－122.

[88] 王碌琳．子女随迁对流动人口家庭务工地消费的影响[J]．劳动经济研究，2015（06）：117－128.

[89] 王美艳．农民工消费潜力估计——以城市居民为参照系[J]．宏观经济研究，2016（02）：3－18.

[90] 王美艳．城市劳动力市场上的就业机会与工资差异——外来劳动力就业与报酬研究[J]．中国社会科学，2005（05）：36－46，205.

[91] 王宁．消费与认同——对消费社会学的一个分析框架的探索[J]．社会学研究，2001（01）：4－14.

[92] 王张明，孔祥利．农民工城乡消费二元性探析[J]．经济体制改革，2016（03）：100－105.

[93] 王铮．突破“胡焕庸线”的两个关键[N]．文汇报，2014－12－02（005）.

[94] 吴静，王铮．2000年来中国人口地理演变的Agent模拟分析[J]．地理学报，2008（02）：185－194.

[95] 吴玉平．土地承载力与我国人口的合理分布[J]．南方人口，1991（02）：47－49.

[96] 熊德平，姬冬梅，姬旭升．农民工借款、储蓄行为及其对消费

的影响——宁波市849位农民工调查数据分析［J］．沈阳农业大学学报（社会科学版），2014（06）：646－651．

［97］杨波．中国县域人口空间分布格局研究［J］．西北人口，2014，35（03）：33－36，42．

［98］姚建平．消费认同［M］．北京：社会科学文献出版社，2006．

［99］叶东安．我国人口分布的现状和特点——人口分布问题研究综述［J］．人口研究，1988（05）：57－59．

［100］尹虹潘，刘渝琳．城市化进程中农村劳动力的留守、进城与回流［J］．中国人口科学，2016（04）：26－36，126．

［101］余佶，余佳．城镇化进程中的城乡基本公共服务均等化——基于供需视角的分析框架及其路径选择［J］．华东师范大学学报（哲学社会科学版），2014，46（01）：101－106，154－155．

［102］原华荣．中国人口分布的合理性研究［J］．地理研究，1993（01）：64－69．

［103］袁志刚，朱国林．消费理论中的收入分配与总消费——及对中国消费不振的分析［J］．中国社会科学，2002（02）：69－76．

［104］岳希明，李实，史泰丽．垄断行业高收入问题探讨［J］．中国社会科学，2010（03）：77－93，221－222．

［105］岳阳春．村民自我认同对消费方式的影响——基于湖北省H村的调查［J］．学理论，2016（08）：112－114．

［106］翟振武，段成荣，毕秋灵．北京市流动人口的最新状况与分析［J］．人口研究，2007（02）：30－40．

［107］张波，丁金宏．中国省域高端人才空间分布及变动趋势：2000～2015年［J］．干旱区资源与环境，2019，33（02）：32－36．

［108］张车伟．关于人口迁移理论的一种生态学观点［J］．中国人口科学，1994（01）：43－47．

［109］张吉鹏，黄金，王军辉，黄勔．城市落户门槛与劳动力回流［J］．经济研究，2020，55（07）：175－190．

［110］张建杰．农户社会资本及对其信贷行为的影响——基于河南省397户农户调查的实证分析［J］．农业经济问题，2008（09）：28－34，111．

[111] 张莉，何晶，马润泓．房价如何影响劳动力流动？[J]．经济研究，2017，52（08）：155－170.

[112] 张平．论中国三大区域产业结构的差异[J]．经济评论，2007（05）：53－57，99.

[113] 张琪．美国、德国、新加坡住房保障制度建设经验与启示[J]．社会科学战线，2009（12）：233－234.

[114] 张爽，陆铭，章元．社会资本的作用随市场化进程减弱还是加强？[J]．经济学（季刊），2007，6（02）：539－560.

[115] 张晓青．国际人口迁移理论述评[J]．人口学刊，2001（03）：41－45.

[116] 张新民．农民工在打工地购房意愿影响因素研究——以广州市番禺区大岗镇为例[J]．江西农业大学学报（社会科学版），2012，11（01）：1－8.

[117] 张翼．农民工“进城落户”意愿与中国近期城镇化道路的选择[J]．中国人口科学，2011（02）：14－26，111.

[118] 张永岳，王元华．我国新型城镇化的推进路径研究[J]．华东师范大学学报（哲学社会科学版），2014，46（01）：92－100，154.

[119] 赵彤．养老保险对农民工城市消费的影响——基于消费水平和消费结构的分析[J]．江西财经大学学报，2018（03）：77－85.

[120] 郑思齐，廖俊平，任荣荣，曹洋．农民工住房政策与经济增长[J]．经济研究，2011，46（02）：73－86.

[121] 郑思齐，刘洪玉．住房需求的收入弹性：模型、估计与预测[J]．土木工程学报，2005（07）：122－126.

[122] 郑晓莹，彭泗清．补偿性消费行为：概念、类型与心理机制[J]．心理科学进展，2014，22（09）：1513－1520.

[123] 周林刚．地位结构、制度身份与农民工集体消费——基于深圳市的实证分析[J]．中国人口科学，2007（04）：88－94.

[124] 周明海，金樟峰．长期居住意愿对流动人口消费行为的影响[J]．中国人口科学，2017（05）：111－128.

[125] 周颖刚，蒙莉娜，卢琪．高房价挤出了谁？——基于中国流动

人口的微观视角［J］. 经济研究，2019，54（09）：106－122.

［126］朱杰．人口迁移理论综述及研究进展［J］. 江苏城市规划，2008（07）：40－44.

［127］朱农．离土还是离乡？——中国农村劳动力地域流动和职业流动的关系分析［J］. 世界经济文汇，2004（01）：53－63.

［128］朱农．论收入差距对中国乡城迁移决策的影响［J］. 人口与经济，2002（05）：10－17.

［129］祝卓．试论我国人口合理分布问题［J］. 人口研究，1980（03）：11－17.

［130］Ajzen I. From Intentions to Actions：A Theory of Planned Behavior［A］. J. Kuhland J. Beckman（Eds.）. Action Control：From Cognitionto Behavior［C］. Springer Berlin Heidelberg，1985.

［131］Ajzen I. The Theory of Planned Behavior［J］. *Organizational Behavior and Human Decision Processes*，1991，50（2）：179－211.

［132］Alejandro Portes，"Social Capital：Its Origins and Applications in Modern Sociology." *Annual Review of Sociology*，1998（24）：1－24.

［133］Argersinger JA. Contested visions of American democracy：citizenship，public housing，and the international arena. *Journal of Urban History*. 2010，36（6）：792－813.

［134］Baumsnow N and Pavan R. Understanding the city size wage gap. *The Review of Economic Studies*. 2012，79（1）：88－127.

［135］Borjas G J，Bronars S G. Consumer Discrimination and Self－Employment［J］. *Journal of Political Economy*，1989，97（3）：581－605.

［136］Bowles. S. and Gintis. Social Capital and Community Governance，*Economic Journal*，2002，112（483）：419－436.

［137］Buch T，Hamann S，Niebuhr A and Rossen A. What makes cities attractive? The determinants of urban labour migration in Germany. *Urban Studies*. 2014，51（9）：1960－1978.

［138］Cai Fang and Wang Dewen，Migration as Marketization：What Can We Learn from China's 2000 Census Data? *The China Review*，2003，3（2）：

73 –93.

[139] Caldwell J C. African Rural – Urban Migration to Ghana's Town (Columbia University Press, New York), 1969.

[140] Chan K W, Wan G. The size distribution and growth pattern of cities in China, 1982 –2010: analysis and policy implications. *Journal of the Asia Pacific Economy*. 2018, 22 (1): 136 –155.

[141] Chan K W. Fundamentals of China's Urbanization and Policy. *The China Review*. 2010, 10 (1): 63 –93.

[142] Chauvin JP, Glaeser E, Ma Y and Tobio K. What is different about urbanization in rich and poor countries? Cities in Brazil, China, India and the United States. *Journal of Urban Economics*. 2017 (98): 17 –49.

[143] Chen B, Lu M, Zhong N. How Urban Segregation Distorts Chinese Migrants' Consumption? *World Development*, 2015 (70): 133 –146.

[144] Chen C, Legates R, Zhao M, et al. The changing rural – urban divide in China' megacities. *Cities*. 2018 (81): 81 –90.

[145] Chen J and Zhou Q. City size and urban labor productivity in China: New evidence from spatial city – level panel data analysis. *Economic Systems*. 2017 (41): 165 –178.

[146] Chen J, Hu M, Lin Z. Does Housing Unaffordability Crowd Out Elites in Chinese Superstar Cities? *Journal of Housing Economics*, 2019 (45): 101571.

[147] Chen J, Wang W. Economic incentives and settlement intentions of rural migrants: Evidence from China. *Journal of Urban Affairs*, DOI: 10. 1080/07352166. 2018. 1439339.

[148] Chen Y and Wang J. Social integration of new – generation migrants in Shanghai China. *Habitat International*. 2015 (49): 419 –425.

[149] Coleman, James S... "Foundation of social theory. Cambridge, MA: Harvard University Press. 1990.

[150] Corneo G, Jeanne O. Social organization, status, and savings behavior. *Journal of Public Economics*, 1998. 70 (1): 37 –51.

[151] Curran S. Migration, social capital, and the environment: Considering migrant selectivity and networks in relation to coastal ecosystems [J]. Population and Development Review, 2002: 89 - 125.

[152] Dale T. Mortensen, "Job Search, the Duration of Unemployment, and the Phillips Curve." *The American Economic Review*, 1970, 60 (5): 847 - 862.

[153] Daniel Courgean, "Interaction between special mobility, family and career life - cycle: a French survey," *European sociology review*, 1985, 1 (2): 139 - 164.

[154] Danzer M., Dietz B., Gatskova K., Schmillen A. Showing off to the New Neighbors? Income, Socioeconomic Status and ConsumptionPatterns of Internal Migrants [J]. *Journal of Comparative Economics*, 2014, 42 (1): 230 - 245.

[155] David P. Lindstrom. Economic Opportunity in Mexico and Return Migration from the United States. *Demography*, 1996. 33 (3): 357 - 374.

[156] Denise Hare. The Determinants of Job Location and Its Effect on Migrants' Wages: Evidence from Rural China. *Economic Development and Cultural Change*, 2020, 50 (3): 557 - 579.

[157] Douglass. Massey, Felipe Garcia Espana. The Social Process of International Migration. *Science*. 1987, 237 (4816): 733 - 738.

[158] Elinor Ostrom. An agenda for the study of institutions. *Public Choice*. 1986 (48): 4 - 25.

[159] Erik Hurst and Annamaria Lusardi. Liquidity Constraints, Household Wealth, and Entrepreneurship. *Journal of Political Economy*, 2004, 112 (2): 319 - 347.

[160] Eriksen MD and Rosenthal SS. Crowd out effects of place - based subsidized rental housing: New evidence from the LIHTC program. *Journal of Public Economics*. 2010, 94 (11): 953 - 966.

[161] Escalas J. Self - identity and Consumer Behavior [J]. Journal of Consumer Research, 2013, 39 (5): xv - xviii.

[162] Evans D S, Leighton L S. Some Empirical Aspects of Entrepreneurship [J]. American Economic Review, 1990, 79 (3): 519 – 535.

[163] Fan C C. "Rural – urban migration and gender division of labor in transitional China" *International Journal of Urban and Regional Research*. 2003 (27): 24 – 47.

[164] Feng J, He L, Sato H. Public Pension and Household Saving: Evidence from China. Social Science Electronic Publishing, 2009 (4): 470 – 485.

[165] Fisch O. Optimal city size, land tenure and the economic theory of clubs. *Regional Science & Urban Economics*. 1976, 6 (1): 33 – 44.

[166] Garriga C, Hedlund A, Tang Y, et al. Rural – Urban Migration, Structural Transformation, and Housing Markets in China. Working Papers. 2017: 2014 – 028.

[167] Gary D. Sandefur and Wilbur J. Scott. A Dynamic Analysis of Migration: An Assessment of the Effects of Age, Family and Career. *Demography*. 1981, 18 (3): 355 – 368.

[168] George J. Stigler. Information in the Labor Market. *Journal of Political Economy*. 1962, 70 (5): 94 – 105.

[169] Gerard J. van den Berg and Geert Ridder, An Empirical Equilibrium Search Model of the Labor Market. *Econometrica*, 1998, 66 (5): 1183 – 1221.

[170] Glaeser EL. Triumph of the City. New York: Penguin Press. 2010.

[171] Gmelch G. Return migration. *Annual Review of Anthropology*, 1980, 9 (6): 135 – 159.

[172] Gordon I. Resurrecting counter – urbanization housing market influences on migration fluctuations from London. *Built Environment*. 1987, 13 (4): 212 – 222.

[173] Han LB and Lu M. Housing prices and investment: An assessment of China's inland – favoring land supply policies. *Journal of the Asia Pacific Economy*. 2017, 22 (1): 106 – 121.

[174] Harald E. Weiss and Lesley Williams Reid. "Low – Quality Employment Concentration and Crime: An Examination of Metropolitan Labor Markets." *Sociological Perspectives.* 2005, 48 (2): 213 – 232.

[175] Hare, Denise, "Push" versus "Pull" Factors in Migration Outflows and Returns: Determinants of Migration Status and Spell Duration among China's Rural Population. *Journal of Development Studies*, 1999, 35 (3): 45 – 72.

[176] Henderson JV. How migration restrictions limit agglomeration and productivity in China. *Journal of Development Economics.* 2006, 80 (2): 350 – 388.

[177] Henderson JV. The size and types of cities. *American Economic Review.* 1974 (64): 640 – 656.

[178] Henry W. Herzog, Jr. and Alan M. Schlottmann. "Migrant Information, Job Search and the Remigration Decision *Southern Economic Journal*, 1983, 50 (1): 43 – 56.

[179] Hopkins E, Kornienko T. Running to Keep the Same Place: Consumer Choice as a Game of Status. *American Economic Review*, 2004 (4): 1085 – 1107.

[180] Hughes G and Mccormick B. Do council housing policies reduce migration between regions? *Economic Journal.* 1981, 91 (364): 919 – 937.

[181] Hurst E, Lusardi A. Liquidity Constraints, Household Wealth, and Entrepreneurship [J]. Journal of Political Economy, 2004, 112 (2): 319 – 347.

[182] J. McCall, "Economics of Information and Job Search," *The Quarterly Journal of Economics*, 1970, 84 (1): 113 – 126.

[183] James S. Coleman. Social Capital in the Creation of Human Capital. *American Journal of Sociology*, 1988 (94): 95 – 120.

[184] Johnes G and Hyclak T. House prices and regional labor markets. *Annals of Regional Science.* 1999, 33 (1): 33 – 49.

[185] Kara Lustig and Joan H. Liem, Quality of Employment and Delinquency during the Adolescent to Young Adult Transition. *The New School Psychol-*

ogy Bulletin, 2010, 8 (1): 4 – 14.

[186] Kari H and Petri B. Regional labor market dynamics, housing, and migration. *Journal of Regional Science*. 2004, 44 (3): 543 – 568.

[187] Kenna P. Globalization and housing rights. *Indiana Journal of Global Legal Studies*. 2008, 15 (2): 397 – 469.

[188] Kenneth Burdett, A Theory of Employee Job Search and Quit Rates. *The American Economic Review*, 1978, 68 (1): 212 – 220.

[189] Kiefer, N. Economic duration data and hazard functions. *Journal of Economic Literature*, 1988 (26): 646 – 667.

[190] Krugman B P., Increasing returns and economic geography. *Journal of Political Economy*, 2010, 99 (3): 483 – 499.

[191] Lansing, John B., and Leslie Kish. "Family Life Cycle as an Independent Variable." *American Sociological Review*, 1957 (22): 512 – 19.

[192] Lee E S, A theory of migration. *Demography*, 1966, 3 (1): 47 – 57.

[193] Lee O., Urban – to – rural return migration in Korea. *Greek Economic Review*, 1980 (2): 71 – 7.

[194] Lee, On – Jook Urban – to – rural return migration in Korea Seoul National University Press Seoul, 1980.

[195] Lin Nan and Mary Dumin, Access to Occupations through Social Ties. *Social Networks*, 1986 (8): 365 – 385.

[196] Liu CB. Research on house – purchase choice of China's peasant workers. *Chinese Journal of Population Science*. 2015 (6): 100 – 108.

[197] Liu Z, Wang Y, Chen S. Does formal housing encourage settlement intention of rural migrants in Chinese cities? A structural equation model analysis. *Urban Studies*. 2017, 54 (8): 1834 – 1850.

[198] Livesey DA. Optimum city size: a minimum congestion cost approach. *Journal of Economic Theory*. 2006, 6 (2): 144 – 161.

[199] Lofstrom M. Does self – employment increase the economic well – being of low – skilled workers? [J]. *Small Business Economics*, 2013, 40

(4): 933 -952.

[200] Long FJ, Guo M and Zheng SQ. Estimation the willingness - to - pay for urban housing in Chinese cities. *Tsinghua science and technology*. 2009, 14 (3): 360 -366.

[201] Lu M, Gao H and Hiroshi S. On urban size and inclusive employment. *Social Sciences in China*, 2012 (10): 47 -66.

[202] Ma Zhongdong. "Urban labour - force experience as a determinant of rural occupation change: evidence from recent urban ^ rural return migration in China." *Environment and Planning A*, 2001 (33): 237 -255.

[203] Ma, Zhong dong. "Social - capital mobilization and income returns to entrepreneurship: the case of return migration in rural China" *Environment and Planning A*, 2002 (34): 1763 -1784.

[204] Magnus Lofstrom. "Does Self - Employment Increase the Economic Well - Being of Low - Skilled Workers?" IZA Discussion Paper, 2009: 4539.

[205] Magnus Lofstrom. Low - Skilled Immigrant Entrepreneurship IZA DP, 2009: 4560.

[206] Mark S. Granovetter. "The Strength of Weak Ties". *American Journal of Sociology*. 1973, 78 (6): 1360 -1380.

[207] Meng Xin, "The Informal Sector and Rural - Urban Migration—A Chinese Case Study," *Asian Economic Journal*, 2001, 15 (1): 71 -89.

[208] Murphy R. "Return migrants and economic diversification in two countries in South Jiangxi, China". *Journal of International Development*, 1999 (11): 661 -672.

[209] Murphy. "How Migrant Labor is Changing Rural China." Cambridgez; Cambridge University Press, 2002.

[210] Nazli Kibria, "Household Structure and Family Ideologies: the Dynamics of Immigrant Economic Adaptation among Vietnamese Refugees". *Social Problems*, 1994, 41 (1): 81 -96.

[211] Oded Stark and David E. Bloom, The New Economics of Labor Mi-

gration. *The American Economic Review*, 1985, 75 (2): 173 - 178.

[212] Orrenius P M. Return Migration from Mexico: Theory and Evidence PhD thesis, copy available from Southern Regional Library Facility, University of California, Los Angeles, CA, 1999.

[213] Paul C. Click. "Updating the Life Circle of the Family". *Journal of marriage and family*, 1977, 39 (1): 5 - 13.

[214] Paul C. Click, "The Family Cycle". *American Sociological Review*, 1947, 12 (1): 164 - 174.

[215] Paul S. Adler and Seok - Woo Kwon, Social Capital: Prospects for a New Concept. *The Academy of Management Review*, 2002, 27 (1): 17 - 40.

[216] Portnov B.. The effect of housing on migrations in Israel: 1988 - 1994. *Journal of Population Economics*, 1998, 11 (3): 379 - 394.

[217] Rees H, Shah A. An empirical analysis of self - employment in the U. K [J]. *Journal of Applied Econometrics*, 1986, 1 (1): 95 - 108.

[218] Roback J. Wages, Rents, and the Quality of Life. *Journal of Political Economy*, 1982, 90 (6): 1257 - 1278.

[219] Rosen S. Wage - Based Indexes of the Urban Quality of Life, Current Issues in Urban Economics, 1979.

[220] Saenz R, Davila A, . Chicano return migration to the southwest: an integrated human capital approach. *International Migration Review*, 1992 (26): 1248 - 1266.

[221] Sandra Poncet, "Provincial migration dynamics in China: Borders, costs and economic motivations". *Regional Science and Urban Economics*, 2006 (36): 385 - 398.

[222] Sara Curran. Migration, Social Capital, and the Environment: Considering Migrant Selectivity and Networks in Relation to Coastal Ecosystems. *Population and Development Review*, 2002 (28): 89 - 125.

[223] Shi anqing, Migration in towns in China, a tale of three provinces: evidence from preliminary tabulations of 2000 census. The World Bank, Policy Research Working Paper Series, 2006: 3890.

[224] Shi W, Chen J and Wang H. Affordable housing policy in China: New developments and new challenges. *Habitat International*, 2016, 54: 224 - 233.

[225] Sirgy M. Self - concept in Consumer Behavior: A Critical Review [J]. Journal of Consumer Research, 1982, 9 (3): 287 - 300.

[226] Smith J. R., Terry D. J., Antony S. R. Manstead, Winnifred R. Louis, Diana Kotterman, Jacqueline Wolfs. The Attitude - behaviorRelationship in Consumer Conduct: The Role of Norms, Past Behavior and Self - identity [J]. *The Journal of Social Psychology*, 2008, 148 (3): 311 - 334.

[227] Solinger D J., The Chinese Work Unit and Transient Labor in the Transition from Socialism. *Modern China*, 1995, 21 (2): 155 - 183.

[228] Song Y. What should economists know about the current Chinese Hukou system? *China Economic Review*, 2014 (29): 200 - 212.

[229] Stark O., Taylor J. E. Migration Incentives, Migration Types: The Role of Relative Deprivation. *The Economic Journal*, 1991, 101 (408): 1163 - 1178.

[230] Tamara K. Hareven. The Family as Process: the Historical Study of the Family Circle. *Journal of Social History*, 1974, 7 (3): 322 - 329.

[231] Tang S, Feng J, Li M. Housing tenure choices of rural migrants in urban destinations: a case study of Jiangsu Province, China. *Housing Studies*, 2017, 32 (3): 1 - 18.

[232] Tolley G and Crihfield J. City size and place as policy issues. *Handbook of Regional and Urban Economics*, 1987 (2): 1285 - 1311.

[233] United Nations, "Measuring quality of employment". United Nations Economic Commission for Europe, Geneva, 2010.

[234] Waltert F and Schläpfer F. Landscape amenities and local development: A review of migration, regional economic and hedonic pricing studies. *Ecological Economics*, 2010, 70 (2): 141 - 152.

[235] Wang W W, Fan C C. Success or Failure: Selectivity and Reasons of Return Migration in Sichuan and Anhui, China [J]. *Environment and*

Planning. A, 2006, 38 (5): 939 -958.

[236] Wang XR, Hui CM and Sun JX. Population migration, urbanization and housing prices: Evidence from the cities in China. *Habitat International*, 2017 (66): 49 -56.

[237] Wang XR, Hui CM, Choguill C and Jia SH. The new urbanization policy in China: Which way forward? . *Habitat International*, 2015 (47): 279 -284.

[238] Williamson, Jeffrey G. , Migration and Urbanization, *Handbook of Development Economics*, 1988.

[239] Wu L, Zhang W. Rural migrants' homeownership in Chinese urban destinations: Do institutional arrangements still matter after Hukou reform? *Cities*, 2018 (79): 151 -158.

[240] Wu W. Sources of migrant housing disadvantage in urban China. *Environment and Planning A*, 2004, 36 (7): 1285 -304.

[241] Xing CB and Zhang JF. The preference for larger cities in China: Evidence from rural - urban migrants. *China Economic Review*, 2017 (43): 72 -90.

[242] Yang Xiushi, "Determinants of Migration Intentions in Hubei Province, China: Individual versus Family Migration", *Environment and Planning A*, 2000 (32): 769 -787.

[243] Yang Z and Dunford M. City shrinkage in China: scalar processes of urban and hukou population losses. *Regional Studies*, 2018, 52 (8): 1 -12.

[244] Yeung CW and Howes R. The role of the housing provident fund in financing affordable housing development in China. *Habitat International*, 2006, 30: 343 -356.

[245] Zhang H. The Hukou system's constraints on migrant workers' job mobility in Chinese cities. *China Economic Review*, 2010, 21 (1): 0 -64.

[246] Zhang J, Zhao Z. Social - family network and self - employment: Evidence from temporary rural - urban migrants in China [J]. IZA DP, 2011: 5446.

[247] Zhang K. Honglin, Song Shunfeng, Rural – urban migration and urbanization in China: Evidence from time – series and cross – section analyses. *China Economic Review*, 2003. 14 (4).

[248] Zhang L, Hui CM and Wen H. Housing price – volume dynamics under the regulation policy: Difference between Chinese coastal and inland cities. *Habitat International*. 2015 (47): 29 – 40.

[249] Zhang L, Tao L. Barriers to the Acquisition of Urban Hukou in Chinese cities. *Environment and Planning A*, 2012 (44): 2883 – 2900.

[250] Zhang Y and Chen J. The changing prevalence of housing overcrowding in post – reform China: the case of Shanghai, 2000 – 2010. *Habitat International*, 2014 (42): 214 – 223.

[251] Zhang, Junfu and Zhao, Zhong. "Social – family network and self – employment: Evidence from temporary rural – urban migrants in China IZA DP, 2011: 5446.

[252] Zhao X B, Zhang L. Urban Performance and the Control of Urban Size in China. *Urban Studies*, 1995, 32 (4 – 5): 813 – 846.

[253] Zhao Y. Labor migration and earnings differences: the case of rural China [J]. *Economic Development and Cultural Change*, 1999, 47 (4): 767 – 782.

[254] Zhao, Y. "Labor Migration and Returns to Rural Education in China," *American Journal of Agricultural Economics*, 1997, 79 (1): 1278 – 1287.

[255] Zhao, Y. Causes and Consequences of Return Migration: Recent Evidence from China. *Journal of Comparative Economics*, 2002, 30 (2): 376 – 394.

[256] Zheng S, Liao J and Ren R. Housing policy for migrant workers and economic growth. *Economic Research Journal*, 2011, 2: 73 – 86.

[257] Zhu J and Wang Z. The evolution of China's city size distribution: empirical evidence from 1949 to 2008. *The Chinese Economy*. 2013 (46): 38 – 54.

附录

高房价背景下上海市青年群体住房问题调查问卷

尊敬的先生/女士：

您好！我们是华东师范大学城市发展研究院的老师。为了解上海市青年群体的住房现状，为有关政府和学术机构改善上海青年群体的住房条件提供决策依据，我们特组织此次“高房价背景下上海市青年群体住房问题研究”课题调研。本次调查结果仅供学术研究使用，我们绝不会泄露您的任何个人信息。衷心感谢您的支持与配合！

华东师范大学城市发展研究院 2016 年 12 月

1. 您的性别（　　）［单选题］［必答题］

○A. 男　○B. 女

2. 您的年龄（　　）［单选题］［必答题］

○A. <20 岁　○B. 20～25 岁　○C. 26～30 岁

○D. 31～35 岁　○E. >35 岁

3. 您的婚姻状况（　　）［单选题］［必答题］

○A. 未婚　○B. 已婚　○C. 离婚

4. 您接受的最高教育程度（　　）［单选题］［必答题］

○A. 初中及以下　○B. 高中（包括职高、技校等）

○C. 本科　○D. 硕士

○E. 博士

5. 你的户籍性质（　　）［单选题］［必答题］

○A. 上海市集体户口　○B. 上海市家庭户口

○C. 持有上海居住证　　　　　　　　　　○D. 其他

6. 您现在从事的职业属于哪个行业（　　）[单选题][必答题]

○A. 交通运输、仓储和邮政

○B. 信息传输、软件和信息技术服务

○C. 生物医药及化工

○D. 电力设备及新能源

○E. 水利、环境和公共设施管理

○F. 金融业

○G. 教育/培训/科研机构

○H. 专业服务与咨询（如财会、法律、人力资源等）

○I. 餐饮及生活服务业

○J. 批发和零售业

○K. 其他

7. 您所在工作单位的性质（　　）[单选题][必答题]

○A. 国有及国有控股企业/集体企业

○B. 机关、事业单位

○C. 外资企/中外合资企业

○D. 私营企业

○E. 其他

8. 您在上海的工作年限大约为（　　）[单选题][必答题]

○A. ≤1 年　　　○B. 2～4 年　　　○C. 5～7 年

○D. 8～10 年　　○E. >10 年

9. 您平均每月的税后总收入大约为（　　）（注：指扣除五险一金、个人所得税之后的自由可支配收入，包括单位发放的季度奖、年终奖等）[单选题][必答题]

○A. <5000 元　　　　　　　　○B. 5000～7999 元

○C. 8000～9999 元　　　　　　○D. 10000～15000 元

○E. >15000 元

10. 您目前住房属于下列何种性质？（　　）（若选 C、D 项可直接跳过 11 题和 12 题）[单选题][必答题]

○A. 市场租赁住房

○B. 政府/单位提供的保障性住房

○C. 自购商品房

○D. 其他

11. 您平均每月支付的住房租金为（　　）[单选题]

○A. <500 元　　○B. 500~999 元

○C. 1000~1499 元　　○D. 1500~1999 元

○E. 2000~2499 元　　○F. 2500~3500 元

○G. >3500 元

12. 您签订的住房租赁合同中，目前住房的租赁期限为（　　）[单选题]

○A. <3 个月

○B. 3~6 个月（含 6 个月）

○C. 6 个月~1 年（含 1 年）

○D. 1~2 年（含 2 年）

○E. >2 年

13. 您每月得到的住房补贴为（　　）[单选题][必答题]

○A. 无　　○B. ≤499 元

○C. 500~999 元　　○D. 1000~1499 元

○E. ≥1500 元

14. 您目前的居住模式属于（　　）[单选题][必答题]

○A. 与家人同住

○B. 与同事、朋友、老乡或者其他租客等合住

○C. 独居

○D. 其他

15. 您目前居住房屋的人均面积大约为（　　）[单选题][必答题]

○A. $<5m^2$　　○B. $5\sim9m^2$

○C. $10\sim14m^2$　　○D. $15\sim19m^2$

○E. $20\sim24m^2$　　○F. $25\sim34m^2$

○G. $\geq35m^2$

16. 您平均每天从住所到上班地点通常花费的单程时间是（　　）[单选题][必答题]

○A. <15 分钟　　○B. 15~30 分钟

○C. 31~60 分钟　　○D. 61~90 分钟

○E. >90 分钟

17. 未来 5 年，您打算在哪里工作？（　　）[单选题][必答题]

○A. 留在上海　　○B. 江浙地区

○C. 回老家（除江浙沪外的地区）　　○D. 不确定

18. 请您对以下各选项的满意度进行选择（注：分值 1~7 表示满意程度，分值越高表示满意度越高）[矩阵单选题][必答题]

	1 分	2 分	3 分	4 分	5 分	6 分	7 分
您对目前每月住房支出的满意度	○	○	○	○	○	○	○
您对目前每月住房补贴金额的满意度	○	○	○	○	○	○	○
您对目前上班通勤时长的满意度	○	○	○	○	○	○	○
您对目前人均居住面积的满意度	○	○	○	○	○	○	○
您对目前居住房屋内的配套设施的满意度	○	○	○	○	○	○	○
您对目前居住房屋质量的满意度	○	○	○	○	○	○	○
您对目前小区物业管理水平的满意度	○	○	○	○	○	○	○
您对目前小区及周边社区居民间的互动性的满意度	○	○	○	○	○	○	○
您对目前小区的公共配套设施（如银行、便利店、超市等）的满意度	○	○	○	○	○	○	○

19. 对于未来居住条件的改善，您对政府或企业有什么看法和建议？[填空题]

____